林　森

（1868—1943）

福建历史文化名人丛书
福建省社会科学界联合会 编

林 森

抗战时期国民政府主席

林友华 编著

海峡出版发行集团 | 福建人民出版社
THE STRAITS PUBLISHING & DISTRIBUTING GROUP | FUJIAN PEOPLE'S PUBLISHING HOUSE

图书在版编目（CIP）数据

林森：抗战时期国民政府主席/林友华编著. --福州：福建人民出版社，2019.9（2020.11重印）

（福建历史文化名人丛书）

ISBN 978-7-211-08119-6

Ⅰ.①林…　Ⅱ.①林…　Ⅲ.①林森（1868-1943）—生平事迹　Ⅳ. ①K827=6

中国版本图书馆CIP数据核字（2016）第155727号

林森

LIN SEN

——抗战时期国民政府主席

作　　者：林友华
责任编辑：何水儿
出版发行：福建人民出版社　　**电　　话**：0591-87604366(发行部)
网　　址：http://www.fjpph.com　　**电子邮箱**：fjpph7211@126.com
地　　址：福州市东水路76号　　**邮　　编**：350001
经　　销：福建新华发行（集团）有限责任公司
印　　刷：福建省金盾彩色印刷有限公司
地　　址：福州市金山浦上工业区D区24幢
开　　本：700毫米×1000毫米　1/16
印　　张：7.5
字　　数：86千字
版　　次：2019年9月第1版　　2020年11月第2次印刷
书　　号：ISBN 978-7-211-08119-6
定　　价：25.00元

总序

李 红

社会科学承载着“认识世界、传承文明、创新理论、咨政育人、服务社会”的重要功能，是人类赖以传承的精神支柱。近年来，福建省各级各部门认真贯彻《福建省社会科学普及条例》，社会科学普及工作扎实开展、稳步推进，通过举办全省社科普及宣传周、建立社科普及基地、开办社科普及讲坛等社科普及咨询平台载体，其制度化、常态化、大众化工作取得了明显成效。

习近平总书记指出，文化是民族生存和发展的重要力量，中华优秀传统文化已经成为中华民族的基因，植根在中国人内心，潜移默化地影响着中国人的思维方式和行为方式。福建文化是中华文化中极富特色的一部分，深度融入了中国文化的进程，展现出突破陈规、积极进取、兼容并包、锐意创新的胸襟和气魄。向大众传播福建优秀的历史文化知识，是福建省社科普及工作的重要内容。以接福建地气、讲福建故事、塑福建形象、续福建文脉的姿态编辑出版的“福建历史文化名人丛书”，既较为全面地展示了福建文化深厚的历史底蕴和丰富的人文精神，也为福建当下的社会文化建设提供了有益的资鉴。“福建历史文化名人丛书”所包含的朱熹、林则徐、严复、陈嘉庚等人物传记，记录了福建文化之于中国历史的影响，同时也以人物史的叙述方式生动地展现出中国人文精神的风骨和传统文化的传承。

今天，我们提倡和弘扬社会主义核心价值观，必须从中华优秀传统文化中汲取丰富营养，否则就会缺乏生命力和影响力。“福建历史文化名人丛书”记录了福建历史文化人物的价值观践行轨迹，重温了这批福建历史文化乃至中国历史文化史上重要人物的生命历程，以浅显晓畅、通俗易懂的叙述方式讲述了中华优秀传统文化传承的当代意义，开辟了社会科学知识进入千家万户的新路子。

“最忆市桥灯火静，巷南巷北读书声。”一套好的社会科学普及丛书，总是能带动起读书的风气。将学习作为一种追求、爱好和健康的生活方式，也是“福建历史文化名人丛书”所期望实现的目标。在文字中领略福建地域文化魅力，在阅读中传承传统文化养分，在感悟中提升人文道德情操，社会科学普及丛书的出版，可谓正当其时。

（作者系福建省人民政府原副省长，福建省政协原副主席）

目 录

林森故里

第一章

励志报国

先生自入兴中会至今，无一事，无一役，不是笃行革命宗旨而不稍怠。

林森（1868—1943），原名天波，字长仁，号子超，晚年自号青芝老人、虎洞老樵、凤港渔翁等。福建省闽县尚干（今闽侯县祥谦镇）凤港人。早年投身辛亥革命，历任民国参议院首任议长、福建省省长、国民党“一大”主席团成员，并当选中央执行委员、海外部部长、侨务委员会委员长、立法院副院长及院长等职，1932年元旦起膺任国民政府主席，长达12年。1943年8月1日，病逝于重庆，享誉甚高。

他本是一介书生，却成为辛亥革命元勋；他贵为国民政府主席，却有平民风范。

孙中山评之：“先生自入兴中会至今，无一事，无一役，不是笃行革命宗旨而不稍怠。”

毛泽东赞之：“国府主席林公领导抗战，功在国家。”

兼学中西文化的闽都赤子

1868年2月11日，农历戊辰年正月十八日，林森出生于福建闽县尚干凤港村。他的父亲林道炳在家排行老三，上有两个哥哥：林道举、林柿，皆未婚病逝。出于手足之情，道炳按照乡间习俗把林森过继给长兄道举为嗣子。

据说林森出生那天，村里正在演着《天波府》的戏，林道炳就给孩子取名叫“天波”，希望孩子长大后能像杨家将那样保家卫国，成为国之栋梁。不过，按乡村习俗还要请算命先生为婴儿“定时”。随即，一位算命先生根据林天波的生辰八字“定时”后，认为孩子的名字中最好要有“木”，建议取名为“森”，于是“林天波”又名“林森”。上学读书就用“林森”为姓名，直至他当国民政府主席都用“林森”署名。

林森故乡凤港村的古迹

依传统文化习俗，中国人在“名”之外还有“字”“号”。林森是陶江林氏第三十二世，属“长”字辈，按男子的“字”依辈分而定的惯例，故取字“长仁”。他有四个弟弟：为臻（长义）、为桢（长礼）、为维（长智）、国栋（长信）。林森走上社会后又号“子超”，晚年自号“青芝老人”，别署“百洞山人”“啸余庐主人”“凤港渔翁”“虎洞老樵”等。

陶江林氏始祖林穆，乃汉朝济南谏议大夫林希旦后裔，迁居河南光州固始，唐末随王绪、王潮辗转入闽。

后梁开平三年（909年）四月，王审知荣膺闽王。林穆因功位居左朝奉大夫。同年，闽王令跟从自己转战南北的功臣部将各自择地定居。林穆选择了乌龙江之南川原丰腴、景物秀丽的枕峰。林穆第十四世林稼翁与胞妹五娘（义姑）举家从枕峰迁至陶江对岸永庆里，因其父津龙公位居尚书干官，历政有声，民怀其

尚干林氏祠堂及楹联皆为林森所题

德，遂以官名乡，故称尚干。

尚干是个山清水秀、人杰地灵的地方。它一面靠山，三面临水。山名方山，有106峰重峦叠嶂，与五虎山相连；水称陶江，是闽江下游乌龙江段的一条支流，如玉带缠腰，装点着这块小小的平原。这里聚居着林姓一族，他们崇文尚武、勤劳勇敢、团结互助、不畏强暴、反抗压迫，历代有十八位进士、百余名举人，其中不乏状元、探花等翘楚，是人才辈出、声闻遐迩的大族。

林森就是喝陶江水度过他的幼年的，虽然只有两三年时间，却永远留在他的心田。后来他在连江县青芝山所购之地就命名为“陶江界”；他好修桥铺路，在捐造题名时亦曾署以“陶江林”，如他曾在庐山捐造一“交庐桥”，桥旁岩石上刻有石碑，署名就是“陶江林”。

然而，林森家门前的陶江毕竟小了点，它要汇入闽江，奔向大海，去见识更广阔的天地。

林森两岁那年随父亲道炳迁居福州仓前山土地庙街，住所是两层楼屋，背面靠山，上有盐仓；右马路斜对面有美以美会创办的大茂女塾；屋左与梅坞顶相连接，四周树木苍翠、风景怡人。道炳在这里开了一间经营皮革的小店铺维持生计。

福州是近代“五口通商”地区之一，也是中国近代最早被迫开放之地之一。仓前山又名藤山，位于福州的南台岛，因山上曾有囤盐仓数十间，俗称仓前山。山顶曾设烽火台，因此这山峰又叫烟台山。在这儿可俯瞰福州全景。仓前山三面临水、一面靠山，绿树成荫、风光宜人，人口稠密、民风淳朴。这里是福州的文化、商业相对繁荣地带，楼房会馆林立，道路车水马龙。特别是五口通商后，外商洋行纷纷在这里出现，各国领事馆、洋人住宅、各种教会教堂、学校医院也相继设立在仓前山。这里也就成了在福州的洋人的聚居场所。

林森生活在这样的地方，一方面对中华民族受列强的压迫、欺凌有亲历之感和切肤之痛；另一方面则接触面增多，视野开阔，见识也就非同寻常。

由于父亲是在福州仓前山经营小商业，比起当时乡下那些脸朝黄土背朝天的农民来说，他的家庭还算是殷实的了。林森又是家中的长子，长辈对他寄托着很大的期望，因此他有比较早开始读书的条件。按传统教育惯例，林森从五六岁起开始诵读《三字经》《朱子治家格言》《增广贤文》之类启蒙读物。林森后来深厚的传统文化功底及其身体力行并反复强调恢复的固有道德，正是他从少年时期打下扎实基础之故。

除了传统启蒙读本之外，淳朴的乡土文化、祖辈的传统美德也对林森产生了深远的影响。乡土意识浓郁的长辈还时常有意无

意地讲述故乡的风土人情与先辈的动人事迹，逢年过节也带着林森回到故乡走一走、看一看。当时，从福州码头到尚干乡已经开通小汽轮，从仓山启程回尚干还不用半天时间便可到达。

特别是农历正月，已在福州谋生的林道炳几乎年年都要带家人回尚干参加“排暝”祭祖活动并与族人相聚。据林森侄女林湘回忆：她从“12岁起，连续好几年都去尚干参加‘排夜（暝）’。那一段时间里，全乡欢欣热闹，祠堂内香烟萦绕，祭品满案。从省城来的戏班，日夜两场在祠堂里演出”。

“排暝”是陶江林氏特有的在尚干祠堂举行的民俗活动。“排”是各宗族支系依次排日子将“鼎边抆”等供品排列在祠堂里祭奠祖先；“暝”即福州方言中的“晚上”。由于陶江林氏宗族兴旺，人众户多，一个晚上只能安排一个支系的子孙祭祖。这个“排暝”活动都在每年正月十二至正月底的晚上进行。林森属于陶江林氏“六梅房”的“文斋支房”，安排在正月十六晚上“排暝”。

回故乡参加“排暝”祭祖活动是林森小时候感到极为开心的事。每到回乡“排暝”的日子，林森兴奋地早早起床，吃饭后跟着大人高高兴兴地乘汽船返乡，在尚干道头上岸后，紧紧地跟着父亲，挤过熙熙攘攘的人群，走过用石板条铺就的街道，就到尚干林氏宗祠。祠堂迎面大厅檐下，正中悬挂“状元及第”牌匾，左边是崭新的“探花及第”，右边是“父子兄弟同科甲”牌匾；厅内掮行梁上挂满进士、会元、贡元、解元、亚魁的牌匾，彰显着陶江林氏宗族的荣耀。

随着年龄的增长，好学善问的林森逐渐明白了祖辈“世德作求”“垂裕后昆”的含义及其“排暝”习俗的来历。

陶江林氏的第十二世，出现过双璧联辉之奇迹：兄林禹臣为宋绍定二年（1229年）己丑科神童殿试登黄朴榜赐进士第；二弟林壮行更上一层楼，为宋绍定四年（1231年）辛卯科神童殿试钦赐御射状元及第，成为名重一时的状元，谱写本族历史上“甲第之始”的辉煌篇章。第十三世林津龙为宋宝祐元年（1253年）癸丑科进士，官居户部尚书干官，又谱写了“父子进士”的辉煌一页。

然而，到第十四世林稼翁举家从枕峰迁居尚干不久，林氏一脉突遭巨大劫难：元朝至元十七年（1280年）七月二十三日，稼翁率家人去扫墓，途中覆舟，9人罹难。家中仅遗祖母黄氏、妹五娘、妻郑氏及9岁幼女。郑氏逾月生下遗腹子元士后，不久也病逝。当时，年仅19岁的五娘毅然对天立誓：“吾今唯有矢志不嫁，上侍祖母，下抚孤侄，为林氏延续宗支以尽绵力。”当时，值逢国破家难并临，五娘苦苦支撑门庭，敬侍祖母,克尽孝道，鼎力抚孤，倍加关爱，言传身教，切望成才，严似人师，慈胜亲娘。邻里见其贤，争相为媒，但五娘始终不为所动。过十年，祖母去世，五娘治丧遵礼。逾年，侄女出嫁，五娘将嫂遗妆奁物，尽数赠与。至侄儿元士长大成年，择聘侯官县江口宋氏完婚。五娘宿愿以偿，如释重负，将所有资产券据一律归付侄儿掌管，自己念经茹素以终天年，至49岁时安详辞世。

姑贤侄孝，姑恩侄报。林元士为报功崇德，祔葬姑于祖坟右侧。后人尊其为“义姑”。在尚干林氏“一线之脉，岌岌欲绝”的万分危急关头，义姑以弱女之躯、坚强之心，力挽狂澜，毅然担负起重振家声之重任。姑权充母职，无怨无悔地奉献自己之青春年华，含辛茹苦地抚育孤侄长大成家，从而换来尚干林氏家族振兴、繁荣昌盛，成为当今闻名遐迩的八闽望族。后裔子孙为表彰义姑高功厚德，年年农历正月十二日义姑忌辰时以“排暝”的形式举行隆重的祭祀纪念活动，然后由各支系依次“排暝”祭祖。

在以上大人讲述多遍的先辈事迹中，给少年林森留下印象最深的是义姑的故事。义姑无私奉献、自我牺牲的伟大精神，敦厚善良、深明大义的高尚道德，坚韧不拔、刻苦耐劳的坚强意志，勤俭持家、尊老爱幼的淳朴品行，知书识礼、端庄贤淑的美好风范，对林森产生了深远的影响。

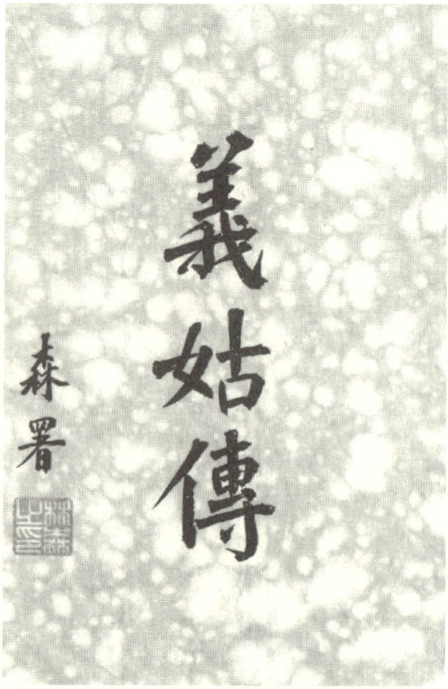

林森题签的《义姑传》

“排暝”活动中最重要最常见的供品是“鼎边拉”。“鼎边拉”又称“锅边糊”，是福州一带著名的小吃。最热闹、最有趣的场面是“分烛”。“分烛”也称“分利”，有一定社会地位的乡绅要准备许多红烛，待祭祖后分给乡亲，大有将自己的好运分给大家共享之意。林道炳一家已迁居福州多年，在乡亲们心目中就是比较体面的乡绅。于是，林道炳也准备了许多小红烛，特地让林森分给大家。林森在分红烛时，满耳都是高兴的道谢声，有的中年人也对他说：“谢谢家叔！”这让林森感到怪不好意思。

回到福州后，林森就缠着父亲问起自己辈分的事。

陶江林氏自十二世起，有世次表字：“君若维能，天必昌汝；世克允德，宗永以兴；用守是道，长发其祥；善继人志，绍衣闻言；孝友为本，弈叶攸敦；明哲作范，垂裕后昆……”林森反复吟诵着本族的世次表字，联想到宗祠悬挂的“世德作求”匾额，越来越深刻领悟到祖辈希冀子孙后代重德重能从而兴旺发达的良苦用心，决心牢记祖训，弘扬祖德，建功立业，报效国家。

1876年，8岁的林森进入美国教会办的培元学校读小学。

1881年，他从培元学校毕业后又进入鹤龄英华书院读书，1887年肄业。因此，他在教会学校接受了11年以西学为主的教育，尤其是在鹤龄英华书院期间的经历对林森影响极大。

鹤龄英华书院是1881年由美国美以美会传教士麦铿利创办的一所八年制的学校，即相当于六年制的中学加上两年制的大学，由福州商人张鹤龄捐助1万银元购置房产而得名。学校开设宗教、英语、数学、电学、格物学等课程，皆由美籍教师授课。后来林森熟谙英语并对自然科学特别关注与他在教会学校所接受的教育分不开。

福州鹤龄英华书院

1884年，在福州的水上门户马江发生了中国近代史上的一个重大事件——马江战役。8月23日（农历七月初三）下午，停泊在马江上的法国军舰突然向福建水师军舰开炮。福建水师官兵仓促应战，英勇还击。但过于被动，仅在1分钟之内旗舰“振武”号就被鱼雷击沉；仅7分钟，胜负大局已定；仅半小时，海战结束。福建水师几乎全军覆没，福建水师官兵牺牲796人，而法国舰队只有6人毙命，27人受伤，数只舰船受损。

为什么会如此惨败？

这不仅是现在历史学家所探讨的问题，更是当时福州人街谈巷议、议论纷纷的话题，热血青年林森自然没置身事外。那时林森生活学习的仓山也就在闽江边，离马江仅19千米水路，并且林森故乡尚干的族人也踊跃参加了马江战役。

林森的乡亲们在马江战役中表现出来的同仇敌忾、不怕牺牲、敢于战斗的精神十分可贵。马江战役爆发时，孤拔率领的法国舰队已在马江停泊40多天，特别是8月10日法国舰队已经在台湾基隆与我国开战了。鉴于此，“马江下游30里尚干乡众数百人，上书制军请战，谓自备食粮，杀得法人若干，官再发赏”。经过再三争取，由尚干很有名望的武探花林培基出面率领300人获得批准参加战斗。8月23日晚上，下午的战火硝烟还没消尽，尚干乡的林狮狮率领十几个人驾着一艘盐船，带着土炮夜袭还在睡梦中的法国舰队，打伤了孤拔。正是由于福州地区兵民众志成城、严阵以待，才使得法军不敢贸然上岸。他们原计划要彻底破坏马尾造船厂的阴谋没有得逞。

这一切来龙去脉对林森来说虽然了解得不很清楚，但他亲身经历了这场恶战带来的满城风雨，耳闻目睹了这个战祸引发的舆论哗然、群情激昂的局面。“一时八闽儿童连臂踏歌，有‘福州原无福，法人本无法，两何没奈何，两张没主张’之谣”。这首福州民谣悲愤控诉了无法无天的法国侵略者；也强烈抨击了昏庸误国的那些清朝官僚。其中的“两何”是指当时闽浙总督何璟、福建船政大臣何如璋；“两张”是指钦差会办福建海疆事宜大臣张佩纶、福建巡抚张兆栋。

马江战役对青年林森的影响是深刻的。他家里开的小店铺往往成为人们落脚休息聊天的场所、街谈巷议的地点，人们的喜怒哀乐、民心民意在这里得到最自然的体现。爱国将士及乡民英勇抗敌的英雄气概与清廷政治的腐败、官僚的昏庸无能，以致挨打受欺、丧权辱国，在林森的心灵深处留下了难以磨灭的印象。马江战役后，福州“城内民心怒恨已极”，对洋人的基督教也有本能的反感和抵触。这不能不促使林森更加关注祖国的前途和命运，努力探讨救国救民的道路；而基督教布道传善的神圣光圈也随之在林森心目中破灭。

1887年，林森在鹤龄英华书院肄业，面临着生活道路的选择。他把目光从闽江转向大海，要在更加广阔的天地里探索知识、追求理想。于是，他毅然渡海投考台湾的西学堂。

视台湾为第二故乡的热血青年

台湾是林森成年后社会生活及革命活动的起点，可谓他的第二故乡。在这里，他度过了青壮年时代10年左右的光阴，对此地产生了深深的眷恋之情。

台湾与福建一水之隔、血脉相连、语言相通，台湾先民大部分来自福建。长期以来，台湾都隶属于福建。

台湾是祖国的宝岛，富饶而美丽，但日本早早就觊觎这个地方。

1871年，一只琉球渔船在海上遭受暴风袭击，漂流到台湾，船上渔民与高山族人发生冲突，被当地高山族人杀死54人。日本以此为借口，于1874年在美国支持下派兵侵略台湾。清廷派沈葆桢率领福建水师到台湾巡防，使日本的嚣张气焰有所收敛。清廷在英美的压力下于1874年10月31日与日本签订了《中日北京专条》，承认日本此行是“保民义举”，赔银50万两，日军退出台湾。

沈葆桢到台湾后，在布置海防的同时，大力开展开发台湾的工作，整顿吏治、开山修路、设立学校，又引进西洋采煤机器，

开发台北煤矿，促进了台湾的开化发展，奠定了台湾现代化的初步基础。

1884年，刘铭传以巡抚衔督办台湾军务，在中法战争结束后奉命专办台湾善后事宜。

1885年10月，清廷将福建省台湾府改为福建台湾省，刘铭传成为台湾省第一任巡抚。

刘铭传大力开展台湾的开发建设，积极推行富强新政，修铁路、开煤矿、设电报、开办新式学堂等，决心把台湾建设成“一隅之设施，为全国之范”。

台湾的这些新事物对青年林森产生了极大的吸引力。当1887年台湾西学堂开办时，他就欣然前往求学。这个西学堂的设立是刘铭传推行新政的一个重要举措，开创了台湾近代科技教育的先河。学堂地点设在大稻埕六馆街，聘请张尔诚为总监，又先后甄录年轻质美之士二十余人，延订英国人布茂林为教习……拟渐进以图算、测量、制造之学，冀各学生砥砺研磨，日臻有用。学校还聘请两位汉学教习，于西学余闲兼课中国经史文字，以求“既使内外贯通，亦以娴其礼法，不致尽蹈外洋习气，致坠偏颇”。这对培养林森学贯中西、文理兼通大有裨益。

1890年，林森又考进当年新设立的台湾电报学堂。电报是当时最先进的科学技术之一，也是最便捷的通信工具。林森接受这种科学技术的教育与训练，奠定了他重视科学技术、努力倡导“科学救国”的思想基础。

1891年，林森在电报学堂学习训练结束后就进入台北电报局工作。由于他待人诚恳、为人稳重、办事认真、勤奋踏实，再加上他接受过十几年的新式教育，英语基础扎实，又经过电报学堂的专业训练，因此他的工作十分出色，备受上司的赞赏和同事的赞誉。

这一年，林森回家探亲，与郑氏女结婚。他们早在少年时就由父亲做主订婚，结婚后感情甚笃。但由于工作需要，婚后仅3天，林森就返回台北电报局。不过，当时闽台交通便捷，汽艇一日可达，假日往返并不为苦。可惜郑夫人体弱多病，婚后仅3年就不幸去世。年仅26岁的林森誓不再娶，此后终生过着单身生活，以他三弟的儿子林京过继为嗣子。

1891年下半年，时局动荡，刘铭传离任后许多新政措施被取消，林森就读过的西学堂和电报学堂也被撤销。林森目睹台湾各方面的建设萎缩情况，深感痛心，难以继续安心工作。

特别是几年后的甲午战争及台湾被割让，更使林森扼腕叹息、痛心疾首、坐卧不安。甲午战争以清王朝的惨败而告终。这场罪恶的战争给中国人民带来了深重灾难。这个空前的奇耻大辱震惊了中国，也震撼了每个有良知的中国人之心。

甲午战争对林森的震惊也尤为深刻。在甲午海战中英勇牺牲的刘步蟾、林永升、林履中、林泰增等人就是他的福州同乡；《马关条约》规定割让的台湾正是林森工作的地方；“割台”的消息传开后，“台民奔走相告，聚哭于市”。台湾人民向北京发去的抗议电报、向各地拍发的求援电讯都通过台北电报局甚至经过林森之手发出。这一切对二十七八岁的热血青年林森来说不能不产生极大的震撼。于是，林森迅速行动起来，投身到反对割台的抗日斗争中。

5月，清廷驻台机构奉命撤回福建，林森任职的台北电报局也在撤退之列。但林森却没有随之回闽，而是投奔到坚持在台湾抗日的 “黑旗军”刘永福的部队。据林森好友蔡人奇所编《藤山志》记载：在台湾人民反割台斗争中，林森义愤填膺，集合同学陈治安等6人，以科学方法制造地雷，组成地雷队，隶于刘永福元帅麾下彭桂森将军营中，扼守彰化之八卦山，顽强抗敌3个

月。彰化为台湾南北交通要道，八卦山是其要塞。日寇在汉奸引领下由荒山荆棘丛中至八卦山之背面偷袭，彭将军所率500人几全军覆没。彭桂森殉国，陈治安亦战死。林森幸而脱险，避于友人倪耿如家，乘夜渡帆船回闽。

林森不仅参加了台湾抗击日本的战斗，而且在宣传革命、唤醒国人方面也做出了重大贡献，那是他回到大陆后的事了。

1895年秋，林森回到福建，奔走于沪、粤及日本各地，联络革命志士，从事革命活动。林森奔走呼吁、积极宣传革命，因此他在戊戌变法失败后被清廷列为“乱党”。当他一位亲戚告诉他这个消息时，林森并不感到意外。

此地不可留，应该奔何方？林森很自然地想起他的第二故乡——台湾。

1898年秋，林森又一次到达台北，在大稻埕的同乡朋友张少湘家落脚。张少湘原籍福州，父亲曾经是沈葆桢的幕僚，因无意仕途而举家迁居台北，在延平北路开设留芳照相馆，兼营印刷。张少湘为人正直豪爽，重感情、讲义气，更有爱国报国抱负，是林森志同道合的朋友。

林森寄居的张少湘家在一段时间成为革命同志聚会、联络的场所，时间久了引起了日本警察的注意。为避免不必要的牺牲，林森只好离开台北，另去他乡谋一职业以资掩护。

他把目光转向嘉义。

嘉义是福州移民聚居甚多的一个城市，有很多老乡，有利于他进行革命活动。刚好台南法院嘉义分部要招收一名通译，林森精通英语，又会讲闽南话，口才也很好，因此很顺利地被录取。

在法院里遇到抗日志士被捕、受日本人审讯时，林森为之翻译时尽量避重就轻，以减轻或避免他们受日本人的残害；当台湾同胞吃官司时，林森则尽力为他们辩解。因而林森获得了同胞的尊重，也使他赢得了许多真诚的朋友。台南县麻豆镇的林志图就是其中的一个。他们成了莫逆之交，林森成为林志图家的常客。有一天，林森奉孙中山的命令，要回福建从事革命活动，但缺乏路费，难以成行，正在发愁，志图看他闷闷不乐的样子，便问他有何心事。林森以实相告，志图立即拿出50块龙圆相赠，林森只收下30块。次日，志图亲自到布袋嘴去雇船，第二天晚上，再送林森到布袋嘴，志图看到船扬帆以后才回家。

林森在嘉义时，也经常前往台北活动，与在台北建立兴中会分会的陈少白进行联系，正式加入兴中会。

1899年夏，林森奉孙中山之命离开台湾回到福州，与林泽人等人组建兴中会福建分会，不久又前往上海工作。

但台湾人民没有忘记林森。1947年冬，嘉义建起一座“青芝亭”，并立碑以纪念林森。碑文记载：

故主席林公子超，民国前十四年春，为革命渡台，任台南地方法院嘉义支部通译。翌年春，应总理召返国。

台北林森先生像

台北建有林森纪念馆，林森的塑像也依然在台北矗立。更令人回味的是在台湾迄今仍有许多县市与乡镇保留“林森路”或“林森街”。

林森也念念不忘台湾，直至他在走完人生历程的弥留之际，还特地嘱咐蒋介石等人：一定要光复台湾！

七十二烈士之墓

第二章

投身革命

林君在沪……组织福建学生会，聚东西洋及省内外福建学界名人于一堂，共同研究政治、社会、文化事业，为改革中国的准备，其旨趣实堪为世人所崇拜。其关怀公益，嘉惠后进，实当今中国之第一人。其国尔忘家，公尔忘私，尤属难能可贵。

组建“旅沪福建学生会”，开展革命活动

1902年，林森考入上海江海关任职，并从事革命活动。每逢假日，则购买许多报纸，携赴近郊各地，组织演讲，向民众灌输革命思想。林森日常生活俭朴，往往自缝衣裳，其所收入，倾囊以供同志革命宣传之用。

1903年春，林森联络福建籍爱国志士，组建“旅沪福建学生会”，进行反清革命活动。学生会以林森、潘训初、江屏藩、陈子范、史家麟、林述庆、魏子浩、郑权、蔡人奇、唐子和等为中坚，林森被推为会长。

1906年秋，福建学生会设支会于福州，以林斯琛、吕洞观、郑祖荫、刘元栋等为中坚。此外，福建学生会与留日学生林文、陈与燊、林觉民、方声洞多有联络，与海外福建人黄乃裳、陈嘉庚、胡文虎也有联系。

福建学生会会员分布在福建、上海、奉天、北京、河北、湖北、安徽、江西、浙江、广西、云南、台湾等省市，以及日本、东南亚、英、美、法、德、比利时等地。在上海、福州人数较多，各有数十人，留日、留欧各有十余人，在海军、陆军部门的亦各有十余人，3年间会员发展到数百人。林森很欢迎台湾知识分子入会，对有为青年尤多帮助和鼓励，视台湾与福建不可分割。于是台湾的林薇阁、蔡法平也成为福建学生会会员，并被推为调查员。后来他们都为辛亥革命做出了特殊的贡献。

通讯所设于林森任职的上海江海关，福建学生会总部“为联络海内外同志之枢纽”。会中所用信笺，不用光绪年号，而用黄帝纪年。

显然，福建学生会的范围并不局限于福建，更不是学校中的学生组织，所从事的是争取民族解放的革命工作。可见，福建学生会是由一批受过新式教育，具有革命、爱国思想的青年知识分子组成，以实行革命为宗旨，用公开社团形式出现的革命团体。

在晚清封建专制统治下，当时各种革命团体采用诸如“文学社”“日知会”“科学补习所”之类的名称，以避免不必要的麻烦，福建学生会也不例外。

20世纪初，为挽救民族危机，许多革命团体纷纷成立，诸如：成立于1904年2月的“华兴会”、1904年7月的“科学补习所”、1904年11月的“光复会”等等。而林森创建于1903年春的福建学生会则是继兴中会后成立比较早的革命团体，在中国革命史上写下了非同寻常的一页。

福建学生会成立以后积极投入到反清革命活动中，特别是与福州的革命志士加强联系，推动了福州革命组织的发展。

福建学生会在组建时期就与郑权等人创办的福州“益闻社”互通声气，后来郑权到上海成为福建学生会的骨干。福建学生会在福州设立支会时就以“益闻社同志全体及林为桢（林森的三弟）、刘通……为中坚”。旅沪福建学生会还派陈天尺回闽，与支会职员林为桢、庄翊楚等在福州上杭街闹市处设立“福州阅报社”，与上海的总会相呼应。凡有宣传革命主义之书报，皆寄由该社秘密散布。社员每星期轮值演讲时事，借以唤醒国人。

随后，林森的好友、福建学生会的又一骨干林泽人等集合益闻社全体同志设立“桥南公益社”，还创办《建言报》，“专以鼓吹革命，唤醒国民使咸趋于革命之途为职责”。林泽人、严汉民、刘元栋等人还联络会党创立“共和山堂”及“藤山文明

社”。1905年，郑权、郑祖荫、林泽人等福建学生会骨干还成立了“汉族独立会”，后来该会改为“中国同盟会福建支会”，成为福建省辛亥革命的组织领导机关。

1905年，林森率领福建学生会全体同志加入刚成立的中国同盟会。

福建学生会在救亡图存、收回福建矿产利权方面也做了卓有成效的工作。

林森十分关注维护祖国矿产资源的利权，认为当时福建省最大的危机是法商魏池与闽浙总督许应骙于1902年10月所签的上游邵武、建宁、江州三府矿产开采合同。因为这三府的矿产利权一旦丧失，犹如“鱼在网罟”，则“闽粤两省危矣”。于是，林森下决心收回矿产利权以消除隐患。但是，林森与各同志进行废约的活动被汉奸林某所侦知。林某怂恿魏池向清廷续订展限一年之约。林森则利用该约第一条“限三年内开采，逾期作废”之规定，秘密预备文件及各种印刷品，分藏于各地支会及留日之闽籍学生、首都之闽籍京官，待至1906年12月8日约满之日的第二天，在上海三山会馆召开闽人全体大会，电请农商部宣布废约。各地支会亦同时电请废约，并举华侨胡国廉为全闽矿务总办。于是三府矿产完全收回，而英国、日本谋取龙岩和安溪两矿的阴谋也破产了，斗争取得了胜利。

1905年日俄战争结束，旅顺、大连湾被日本所攫取。清廷以该地为辽东门户，迫近首都，密与日本人商议，割福建之福州、厦门两海港与之交换。事将成议，日本报纸《朝日新闻》坦然宣布。林森得知这个消息，紧急密电各支会，群起力争，迫使清廷停止了割让福州、厦门两海港的行径。

林森领导会员开展的收回利权斗争的胜利，大大激发了福建人民的爱国热情，为福建辛亥革命打下了良好的基础。

林森卓有成效的工作也赢得了革命同志的尊重。1907年，林森回闽考察地方政治，福州的同盟会员专门开了个欢迎会，黄乃裳代表与会的数十位同志致辞："林君在沪……组织福建学生会，聚东西洋及省内外福建学界名人于一堂，共同研究政治、社会、文化事业，为改革中国的准备，其旨趣实堪为世人所崇拜。其关怀公益，嘉惠后进，实当今中国之第一人。其国尔忘家，公尔忘私，尤属难能可贵。"这是对林森组织福建学生会所做贡献的恰如其分的评价。

林森虽然在上海生活与工作，但他也时刻关注着家乡福建。旅沪福建学生会成立后，林森与各同志调查日本人在闽之举动，编辑《闽警》一书，由林森口述，蔡人奇笔记，托名"福建人著"，1904年初，由上海复初书社刊印发行。《闽警》的大旨"半为革除满清之腐败；半为揭发日人之野心"。全书3.2万余字，分为"总论、人心死、失土地、失矿产、失航利、学界之腐败、兵备之废弛、杂记、日谋福建、结论"等10章。

《闽警》开宗明义指出了中华民族所面临的危机的严重性，特别强调福建处境的极端危险性："虽然，中国固危，而环顾十八省中，最危而先亡者，莫若福建。"由于福建与被日本占领的台湾仅一水之隔，日本对福建早就虎视眈眈，视福建为其势力范围、囊中之物。林森指出："今日之福建，有岌岌不可终日之势。苟不出其药石，力挽沉疴，则吾父母之邦，不亡于日，必亡于法。"并深情地说道："回首故乡、浩浩闽江，其主权已落日人之手。将来之结果吾何忍言！四顾茫茫，怅然涕下矣！"

那么，希望何在？不能依赖那腐败无能的清廷，要救亡图存全靠我们自己！

林森意识到依靠唤醒民众以挽救民族危机的重要性。《闽警》中列举了1901年福州人民成功地保全自己家园的一个事例：日本人要强占万寿桥右岸两里多长的地方修建码头，受到乡民的抵制。于是日本就请一个当地官员前往弹压，数乡之人一见此为寇前驱者至，大动公愤，合数十人操杖逐之，该官员狼狈而逃，事遂中止。对此，林森赞叹："壮哉我福建人！能自保存其产物。吾愿我福建人扩充此心，以保存我福建；更扩充此心，以保存我中国。"

《闽警》的"结论"一章还提出了15条保全福建的办法，实际上是全方位的革新措施。

政治上，效法西方的民主政治，组织政党。

经济方面，主张兴办各种实业以收回利权，摆脱列强的控制，振兴民族经济，改善民生。

思想文化方面，主张设学会、开报馆、办学堂、派留学等以凝聚人心、培养建国人才。

军事方面，主张普遍设立团练、振兴海军等举措以保家卫国。

林森的《闽警》与陈天华的《猛回头》《警世钟》、邹容的《革命军》交相辉映。他们都痛陈祖国面临瓜分豆剖的危险，呼吁国人奋起救亡图存，为唤醒民众发挥了重大作用，为辛亥革命的到来做了思想舆论准备。

领导九江起义，策动清廷海军反正

1909年，林森从上海调往江西九江海关任职。在九江，他继续进行革命活动，先从宣传入手，租赁轮船码头附近的民房，设立浔阳阅书报社作为宣传革命的机构。他自任社长，吴铁城任副社长，俞根仙、邱于寄等为干事，社员中有商人、教师、缙绅、新军军官、洋行职员等各阶层人士。

林森（前排左一）与浔阳阅书报社同志合影

林森用自己的薪金和各同志的资助款，购置各种书报供群众阅览。由于有新军军官掩护，宣传革命的书报都大胆地陈列社中。

林森还注意以百姓喜闻乐见的方式，如胭脂山菊花大会、甘棠湖赛船大会等扩大浔阳阅书报社的影响。浔阳阅书报社还大力开展提倡禁烟、鼓励天足（未缠裹之天然足）、讲究卫生等社会改良工作，一方面为社会服务，宣传新知识，开启民智；另一方面吸纳大批社会各界的有为人士，特别是新军中的官兵，为革命储备人才。

浔阳阅书报社还办了一件仗义执言为民雪冤的实事，极大地

推动了革命宣传工作。湖口乡民余程发经过九江英租界时，只因误触警律，竟被印度巡捕用棍打死。英国领事为掩盖这桩命案，急令给死者家属200元钱，将死者收棺埋在西门外了事。

林森得知这个消息，决心教训一下素来作威作福、欺压中国百姓的洋人，誓要为同胞争一口气。他接受过西学的熏陶，了解西方法律。于是，他密嘱好友邱于寄找到死者家属，告知一条人命并不是200块钱所能了却的，应该拒收恤金，要求依法惩凶，并表示浔阳阅书报社愿意帮助他伸冤。

死者家属同意，便去德化县（后于1914年改称九江县）县衙告状，请求验尸。当时县令福建人高彤亲自带人前往检验，填写受伤情况备案。林森强调，这是涉外法律案件，应再找西医检验，对外才有效力；还必须发动民众作为后援；并通知各级官厅主持正义。商会方面也积极配合，愿意提供经费方面的支持。后来林森的同乡好友陈子范找到一位美国医生，把他秘密接来安顿在教会学校，并派邱于寄去陪伴，以防英国人同他接触做手脚。经过周密部署，美国医生对尸体进行了认真检验，断定确是因伤毙命，并在检验结果上签字。邱于寄还对尸体进行拍照。随后林森又派邱于寄到上海聘请美国律师，准备起诉。

为了防止死者家属及证人开庭时慌张怯场，浔阳阅书报社还专门组织他们进行了长达一个多月的演练，林森与吴铁城每次必到。开庭结果，英国领事裁判法庭认为证据不足，将此案撤销。由于不平等条约的束缚，在涉外案件上我国没有裁判权。林森虽然十分愤慨，但仍不露声色，勉励同仁继续斗争到底。后来林森通过教会友人帮助，另请律师，直接向伦敦法院上诉，由于证据确凿、部署周密，终于获得胜诉。凶手印度巡捕被判刑一年，英国领事被降级调离。

在清廷丧权辱国的年代，中国的老百姓冤死的不知道有多少，但能够通过正当的法律手段，甚至直接上诉到伦敦法院并最终获得雪冤的，极为罕见。余程发案件发生后，舆论激昂，遍及长江上下游，对英争相抵制，太古、怡和两大公司轮船无人搭乘，无货交运。浔阳阅书报社因此驰名海内外。

鉴于清王朝的反动统治已经引起天怒人怨，革命形势日趋成熟，林森决定开办商团，作军事准备以便及时策应长江流域的革命活动。组织商团之前，林森先举办了一个军事训练班，笼络驻扎九江的新军军官当教练，林森与吴铁城等人亲自参加了6个月训练，为日后的起义作了准备。

林森（右一）在九江办军事训练班

1911年春，时任同盟会第十四支部长的林文准备率部参加广州起义，但缺乏经费，林森得知后通过福建学生会员、台湾的林薇阁募捐了3000元。于是林文、林觉民他们依靠这笔经费作旅费和购械之用，从而奔赴广州参加黄花岗起义。

随着革命条件的逐渐成熟，许多革命党人纷纷潜入长江中下游，准备起事。林森先期布置，使各地同志联络供应互通声气。上海有史家麟，镇江有林述庆、郑权、蔡人奇，汉口是林薇孙，宜昌是江屏藩，重庆是赵文朗，成都有方声涛、严汉民。林森自在九江领导同志，密结海陆军，准备起义。1911年

10月10日，武昌首义。11月，中华民国湖北军政府正式成立，推黎元洪为都督，并通电全国宣告武汉三镇已经光复，请各地同时响应。

得知武昌起义成功的消息，林森激动万分。但是，九江人由于不明真相而人心惶惶。官方报纸报道说是武昌土匪起事，日内即可平复。林森清醒地意识到应扩大宣传，尽快让群众明白事实真相。于是，他把武昌寄来报道起义真相的报纸贴在浔阳阅书报社门口，并将报纸上刊登的革命起义反满复汉、推翻帝制、建立民主国家，以及受到民众拥戴的要点部分用红笔密圈，特别醒目，吸引了很多行人的目光。时江西巡抚冯汝骙派赴援鄂之师陆续开抵九江，候轮上驶武昌，下级军官及士兵等经过门前时，亦无不驻足而观。林森见此马上派人准备凳子、茶碗、毛巾以及茶水热情招待那些官兵，并把武昌起义的意义相告。那些军人回队后把所见所闻迅速传开，因此军心动摇，官兵不愿登轮赴武汉。冯汝骙被迫将已开拔的增援部队撤回南昌，武昌方面的压力也因此大为缓解。

林森对驻扎九江的清军第五十三标标统马毓宝及其官兵做了大量的争取工作，他们表示愿意投向革命。10月23日，林森策动马毓宝举行九江起义。他们剪掉发辫，宣布独立，脱离清廷，一举成功。起义后成立九江军政府，推举马毓宝为都督，林森为民政长。

九江起义后，由于部署周密，措施得力，社会的稳定和人民生活的安定得到维护。革命军占领九江后，市面安谧，深得人民欢迎。上海《民立报》报道："国民军占九江后，即于招商局码头旁竖立中华民国大旗，租界安靖如常。九江军界、学界以及越城中之商店，一律悬挂白旗，及欢祝民国之小红旗，布置周密，并未有战事，且未伤一人……此次九江布置皆系林（森）君筹画。”

诚然，九江起义的胜利、社会秩序的稳定，林森功不可没。他利用浔阳阅书报社做了大量的革命宣传、组织工作；尽力为民办实事而深得民心，并注意争取一切可以争取的力量；还讲究策略，对租界里的外国人也没采取过激行动；再加上认真筹划、精心布置才有如此良好局面。

武昌起义后，清廷十分震惊，于10月12日派荫昌率领北洋军、萨镇冰率领海军星夜赶赴武汉镇压革命。

但荫昌指挥不动北洋军，清廷不得不请袁世凯出山督率段祺瑞、冯国璋等部进攻武汉，对革命军构成了极大威胁。

武汉方面推举黄兴为革命军总司令组织抵抗。但由于敌强我弱，汉口、汉阳先后失守。11月27日汉阳被攻克后，黄兴不得不离开武昌，东下上海。武昌形势虽然严峻，但最终能够坚守住，主要是由于外围的形势发生了有利的变化。

海军方面，不但没有对革命军构成较大的威胁，而且大都反正，调转炮口攻打清军。这是因为海军大部分官兵同情革命，不愿为清廷残杀自己的同胞，在奉命炮击武汉时，故意不瞄准，不是射向天空，就是射入江中；萨镇冰仅是奉命行事，不为清廷卖力而采取敷衍的态度，后来自行告退。在海军起义中，林森功不可没。

当时海筹、海容、海琛三艘巡洋舰是中国海军的主力舰。三舰的官兵在革命风潮的推动下在酝酿起义。其中海筹舰长为毕业于马尾船政学堂的福州人黄钟瑛，在萨镇冰出走后成为舰队代理司令。他也同情革命，决心反正。特别是九江起义后，革命军控制了湖口马当炮台，扼住大江中流要津，截断了清军水路接济。

而沿江重要城镇民众倾向革命，上行船只只能到达九江为止，清军舰队受到极大威胁，缺煤缺米，难以得到补给。

11月11日，黄钟瑛率领的清军舰队开往九江，准备归附革命军。但事先舰队与九江方面尚未沟通，极易引起误解。因此，及时接洽，促成这支海军与革命军的联合至关重要。当时海军官兵多为福建人，林森多年来与闽人海军将领有来往，萨镇冰、黄钟瑛与林森有同乡之谊；海筹、海琛舰的举义组织者何渭生、张怿伯与林森亦有交情。林森与吴铁城当天就登舰拜访，进行沟通联络工作，受到舰队代理司令兼海筹舰长黄钟瑛、海琛代理舰长林永谟以及何渭生、张怿伯等官兵的欢迎，双方纵谈甚欢，疑虑顿消。接洽结果圆满，林森邀请各舰将领数十人上岸宴叙，他们愉快地接受了邀请。林森一行离舰时，舰上还放炮17响欢送。

就在这时发生了一起几乎使起义功亏一篑的事件。九江金鸡坡炮台司令戈克安因曾与海容号士兵发生纠纷，积怨在身，在海军到达九江的第二天，海容舰因水急移锚时，戈克安竟以私愤，诬陷海容舰私逃，发炮射击，引起起义海军官兵极大愤慨。当晚，九江招商局设宴招待各舰将士以及九江当地军政要人，戈克安也到场挑起事端，海军人士极其愤怒。就在双方剑拔弩张之时，林森起立大声劝说：大家都应为推翻清朝专制统治竭诚尽力，“宜协力同心，勿生疑忌，致误大局！”说到情动处，林森痛哭失声。经大家共同努力，一场风波终于平息。海筹、海容、海琛三大舰以及江贞、飞鹰等舰起义成功，成为革命军的水上劲旅。

陆、海军联合后，在九江举行了一次紧急军事会议，马毓宝、林森、李烈钧、蒋君羊、黄钟瑛等出席了会议。会议决定：“派蒋君羊率一支队赴南昌，李烈钧领两支队赴安庆援皖，汤芗铭率海容及一部分舰援鄂。”这三支部队进展较为顺利，有力地促进了南昌的光复和安徽局势的稳定，也增援了处在危机中的武昌。

11月19日，部分起义海军又从九江上驶抵武汉参加抗击清军的战斗。海筹号的黄钟瑛升任为舰队总司令，奉命攻击北洋军。刚起义的海军官兵无不抖擞精神、英勇杀敌，炮弹命中率很高，与前日攻打革命军时故意不瞄准的状况形成鲜明的对照。这一仗大挫北洋军威势，清军汉口东方阵地几乎全面动摇，革命军声威大振。

后来，镇压武昌起义的清廷海军几乎全部归附革命军，这对稳定辛亥革命大局起了极其重要的作用。

镇江处于长江咽喉地带，是兵家必争之地。镇江驻军第十八协三十六标第一营管带林述庆本是福建学生会的骨干，也是林森的好友。在武昌起义后革命风潮的推动下，林述庆也做了起义的准备，但又担心成功的把握不大而犹豫未定。林森急派林知渊前往镇江督促其举义；福建学生会会员林之夏也奔走于南京、镇江、上海之间，策划革命，促其旧部林述庆及时响应。于是，林述庆毅然于11月7日率领镇江新军发动起义，占领全城，成立镇江军政府，林述庆为都督。

镇江起义的胜利和林述庆策动海军南洋舰队12艘军舰反正的成功大大减轻了武汉方面的压力。当清军加紧攻击汉阳的时候，11月22日，以镇江军队为主力的江浙沪联军在镇江誓师，随后向南京进军，于12月2日光复南京，为革命政权定都南京打下基础。林述庆也因此为辛亥革命立下了不朽功勋。

在南京光复的前一天，武汉方面也实行了暂时的休战。

在这期间，袁世凯大耍两面手腕：对革命党既打又拉，一方面派兵向革命军发动疯狂进攻，另一方面又放出和平谈判的

声音；对清王朝既压又逼，一方面逼清廷就范，让袁世凯掌握政权；另一方面用革命党压清廷，使之更加依赖袁世凯。11月1日，清王朝以庆亲王奕劻为首的“皇族内阁”垮台，袁世凯被任命为内阁总理大臣，离权力巅峰只差一步之遥了。特别是革命派中许多人都表示只要袁世凯能够让清帝退位就推袁任大总统。特别是长江下游的九江、镇江、上海、南京等地相继光复，许多海军舰队归附革命党，使之实力大增。因此，“南北议和”也就成为双方必然的选择。

12月18日，革命军的代表伍廷芳与袁世凯的代表唐绍仪在上海英国租界正式开始南北对话。

荣膺民国参议院首任议长

在武昌起义胜利和各省纷纷独立后，形势的发展迫切要求成立一个统一的中央政权。但是在建立什么样的中央政府问题上，却出现了错综复杂的局面。革命派和立宪派以及旧官僚政客展开了激烈的斗争。同时，由于在革命风潮中各派政治力量的重新组合，也出现了湖北、江浙等地方集团试图掌握中央政府控制权的斗争。

就在临时革命政府陷入难产之际，12月15日孙中山从海外回到上海，打破了组织临时政府的僵局。各省革命党人代表一致同意推举众望所归的孙中山为临时大总统。

27日，林森作为江西省的代表参加各省代表会议，决议本月29日上午选举临时大总统，并决议采用阳历，以中华民国纪元。

29日，南京召开17省代表会议，孙中山以16票的绝对优势当选为中华民国临时大总统。

1912年元旦，孙中山在南京宣誓就职，宣布中华民国成立。

1月3日，各省代表会议选举黎元洪为临时副总统。同日，孙中山发布各部总长、次长名单。其中，陆军部总长黄兴、海军部总长黄钟瑛。

各省代表会议还决定将代表会议改设为参议院，由各省都督分别派出3人组成，作为立法机关。

1月28日，临时参议院在南京正式成立。1月29日，临时参议院选举林森为议长。

临时参议院是当时中华民国的最高立法机关。其职权是："拥有制宪、立法权，议决政府预算、税法、币制、公债发行的权力，并对临时大总统行使宣战、媾和、缔约、制定官制、任免官员等权力有同意权。"此外，还有"选举和弹劾大总统、副总统等权力"。

临时参议院成立时合影（第三排左起第一人为林森）

孙中山对参议院寄予厚望，勉励林森与参议院诸君子"各尽乃智，竭乃力，以固民国之始基，以扬我民族之大烈"。

开国伊始，百废待兴。参议院的工作千头万绪，大至宪法的制定、各种规章制度的颁布、政府官员的任命，小至各种各样议案的审议、议会与政府各部门之间的以及议会内部各种关系的协调，还有同各种敌对势力的斗争，使参议院的工作处在极其紧张、极为繁忙的状态中。在林森担任议长的那段时间，参议院几乎日夜开会，每天工作达十几个小时。身为议长的林森更是劳心劳力，殚精竭虑，日夜操劳。

审议“清室退位条件”是参议院成立后面临的一项重要工作。林森主持的参议院坚持原则，进行认真审议、修订，迫使北京方面接受了修正过的《优待清室条件》。2月12日，清廷正式宣布退位诏书，长达两千多年的君主专制制度寿终正寝。

13日，孙中山就表示要“当践誓言，辞职引退”，推荐袁世凯为大总统，并请袁速来南京。次日，孙中山亲自到参议院请求辞职。参议院尊重孙中山的意见，同意他辞职。但要求：新总统未受任以前，孙大总统暂不解职。15日，参议院根据孙中山等人的意见，选举袁世凯接任临时大总统，电请袁来南京参议院受任，并向孙中山作了汇报，特别强调：“新总统未受任前，民国政务仍由（孙）大总统继续执行。”20日，又选举黎元洪为副总统。

为巩固辛亥革命成果，孙中山在提出辞职、推荐袁世凯担任大总统时提出了三项条件：“其一，临时政府地点设于南京，为各省代表所议定不能更改。其二，辞职后，俟参议院举定新总统亲到南京受任之时，大总统及国务各员乃行解职。其三，《临时约法》为参议院所制订，新总统必须遵守；颁发之一切法制章程，非经参议院改订仍继续有效。”

令人遗憾的是后来这三项条件都没能实现。

孙中山让位给袁世凯，并经参议院选举决定后，屡次电请袁世凯南来。袁世凯均予推托，不肯“舍北而南”，并以“退归田里”相要挟。2月18日，孙中山决定派蔡元培、宋教仁等人专程北上恭请袁世凯南来受职。袁世凯则表面上隆重欢迎蔡元培等人，暗中却命令他的嫡系部队在北京、天津、保定等地制造暴乱，作为他不能南下的理由。

于是，孙中山不得不再次迁就退让。3月6日，他根据蔡元培报告，咨请参议院审议允许袁世凯在北京受任临时大总统问题。参议院议决统一政府组织办法六项，允许袁世凯在北京宣誓就职。建都地点也就自然定在北京。

孙中山限制袁世凯的三个条件落空了两个后，《临时约法》就成为约束袁世凯的唯一法宝。

《临时约法》是辛亥革命的一大成果，也是林森领导的参议院日夜辛勤劳作的产物。

1月30日，也就是林森就任议长的第二天，孙中山就咨请参议院审议《中华民国临时政府组织法草案》，参议院审议后改为《中华民国临时约法》，使之成为具有宪法性质的文件。2月7日，马君武、景耀月等人组成起草委员会，负责具体撰稿工作。历经32天，参议院日夜开会，认真讨论，再三推敲，逐条审议，于3月8日完成三读程序，于11日由孙中山以总统的名义公布。

就在孙中山公布《临时约法》的前一天，即1912年3月10日，袁世凯在北京就任中华民国临时大总统。

4月1日，孙中山在公布《参议院法》的同一天，也就在参议院举行解职礼，正式宣告解职。参议院代表全国人民致辞，高度评价孙中山创立民国的丰功伟绩。

4月2日，参议院决议中华民国临时政府迁往北京。4日，林

孙中山向临时参议院行解职礼后留影（林森位于第二排左起第五）

森提出辞职，未获批准。5日，参议院议决该院迁往北京，自4月8日起暂时休会。至此南京临时政府退出了政治舞台。

从1月28日参议院成立到4月8日在南京休会这短短的71天内，林森领导的参议院修订了《中华民国临时约法》《参议院法》《临时政府各部暂行官制通则》以及“文官、法官、外交官、领事官考试办法”等等重要法律法规；审议通过了关于人事任免、设立稽勋局及国史馆等一大批议案，为中华民国的建章立制做出了重大贡献。

4月29日，参议院移至北京，举行开院礼。袁世凯率领国务员莅会发表宣言。此前一天，林森在审议袁世凯的讲话稿时，将其中“迁就外人，有伤害国格的话……逐项签明，请勿发表，乃乘夜入府见袁，面陈一切。袁氏不得已从之，于是不当说的话，都删除净尽”。袁世凯到参议院时，佩剑登场，趾高气扬，林森则上前阻止说："此地乃代表人民之最高机关，不得携带武器，请先生解除佩剑，以崇法治。"袁世凯闻言为之变色，赧颜从之。在开院礼上，林森致辞希望"大总统及执政诸君用人各当其才，行政急所先务，所秉者公意，所察者舆情"，以民国前途为重。并坚定表示，"本院职司所在，万不能同流自陷，辜负国民"。

林森不愿与袁世凯同流合污，早在孙中山解职后的第三天也提出辞职，未获批准。4月30日，林森再次辞职，终于获准。5月1日，参议院改选吴景濂为议长，汤化龙为副议长。林森的议长生涯暂告一段落。

林森辞职后回到福建，遍历闽西闽北各地，经过严寒酷暑，不怕艰难困苦为发展国民党的组织打下了稳固基础。1912年底，国会改为参议院和众议院两院制，林森在福建省当选为参议员。

1913年4月8日，中华民国第一届国会在北京开幕。随后，汤化龙、陈国祥为众议院正副议长，张继、王正廷当选为参议院正副议长，林森则当选参议院的全院委员会委员长。

参加反袁"二次革命"

孙中山辞职后认为，清廷已经被推翻，共和制度已经建立，民族主义、民权主义已经实现，只要致力于民生主义就可以了。于是，他自告奋勇充当全国铁路督办，从事铁路建设以发展民生。但是，树欲静而风不止，宋教仁被刺的案件使他震惊万分。

1912年8月25日，宋教仁以同盟会为基础，联合统一共和党、国民共进会、共和实进会、国民公党等四个政团组成国民

党，推孙中山为理事长，孙中山则委托宋教仁代理理事长。在1912年底至1913年2月的第一次国会选举中，国民党在参众两院获得压倒性的席位。宋教仁兴高采烈、摩拳擦掌组织责任内阁准备上台执政时，竟于1913年3月20日在上海火车站被刺身亡。

1913年4月26日，袁世凯政府与英、法、德、日、俄“五国银行团”签订2500万英镑的《善后借款合同》作为武力统一中国的战费。27日，参议院议长张继、副议长王正廷通电反对违法借款案，并向袁世凯提出质问。29日，参议院开会通过反对大借款案。林森与马君武等人发表通告揭露袁世凯违法大借款的阴谋。5月5日，林森和参众两院议员再次发表通电，对政府违法大借款签约不予承认。

6月，袁世凯先发制人发布命令将江西都督李烈钧、广东都督胡汉民、安徽都督柏文蔚免职。

7月，李烈钧在江西宣布独立，起兵讨袁，“二次革命”爆发。各地纷纷响应，先后有广东、安徽、福建、湖南、四川等省宣布讨袁独立。可惜，由于国民党内部涣散，步调不一，实力不足，在袁世凯强大兵力打击下，李烈钧从湖北败退，黄兴在南京被迫弃城出走，其他独立各省也顷刻瓦解。“二次革命”前后不到两个月就失败了。孙中山、黄兴被袁世凯通缉，再次逃亡日本。林森则取得游历美国护照，离京南下。

依然滞留北京的国会议员在袁世凯压迫下成为任人摆布的傀儡。

国会对于袁世凯来说还有利用的价值，干什么呢？把他选为民国的正式总统。要选正式总统，理所当然地要先有宪法。当国会议员一本正经地草拟宪法时，袁世凯却指使他的党徒大吵大闹，要求先选总统，后订宪法。议员们被逼得没办法，只好先选总统。10月4日，宪法会议公布《大总统选举法》。6日，国会被迫选举袁世凯为中华民国第一任正式大总统。当国会进行投票选举时，袁世凯派几千名便衣军警特务，啸集大批流氓地痞，打着“公民团”旗帜，把议会包围得水泄不通，声称“今日如不把符合公民愿望的大总统选出来，就不允许议员离开会场”。可怜的议员们被困得连饭都吃不上，从上午折腾到晚上10点才完成了“选举”程序，袁世凯“顺利”当选。等到“公民团”杂乱无章地领了赏钱离开后，那些议员们才捂着饿扁了的肚子，垂头丧气地回家去。次日，黎元洪也当选为副总统。

“武力讨袁”没有成功，“法律倒袁”也无望奏效。“二次革命”失败后，林森回到福州逗留一段时间，于12月经上海东渡日本追随孙中山。流亡日本的孙中山鉴于国民党已经涣散不堪，决定取消旧的国民党，另组织中华革命党取而代之。林森在东京拜会孙中山后加入中华革命党，党证号为第231号。

林森在美洲

1914年1月，林森奉孙中山之命离开日本前往美洲。林森到美洲主要的使命是开展党务和筹饷工作，历经两年半，先后担任美洲筹饷委员会委员长及民国维持会长、国民党美洲支部支部长，业绩不俗。

林森主持美国的国民党支部工作后，带领同志不辞辛苦奔走于各地，党务为之焕然一新，仅数月间，各地均次第成

立国民党分部至五十余处。不但原有的组织得以巩固发展，而且还拓展了工作范围，扩大了国民党的影响。古巴国民党党务工作的开辟就是典型。1914年秋，林森带黄伯耀前往古巴，受到当地侨胞的热烈欢迎。林森陆续办理同志入党手续，多次发表演讲，宣传捍卫辛亥革命成果的意义，呼吁侨胞以各种方式支持国内的讨袁斗争。他时而用普通话，时而用粤语，情真意切、慷慨激昂，聆听演讲的侨胞甚多，几无插足之地。古巴的各种报纸也纷纷报道林森活动的盛况，一些西方人士也深深为之感动。一位烟厂的老板特地制作几盒上等雪茄烟，并于每支烟的包装纸上印上“林森”二字以表达对他的景仰之情。从不嗜烟的林森感其盛情亦敬领而深谢之。孙中山鉴于“美支部成绩特优，遂以领袖支部名义给予美支部，使加拿大及夏威夷、古巴等处之筹饷事务，就近由美支部督导进行”。

为扩大革命宣传工作，国民党旅美支部创办了《少年中国晨报》《自由新报》《新民国日报》等。林森还组织了1914年“癸丑二次革命纪念会”、1915年“全美各埠国民党恳亲大会”等声势浩大的宣传活动。这是美洲华侨革命力量的大检阅，也是反对袁世凯倒行逆施的大誓师、大动员。

林森领导的美洲支部不仅在党务和宣传方面成效显著，而且在军事教育方面也颇有建树。

袁世凯称帝后，加拿大温哥华组织了华侨敢死先锋队，报名者100多人。其名册均经历美洲支部林森转呈中华革命党军务部备案。他们于6月间回国，参加中华革命军东北军，组成华侨义勇团，直接参加讨袁的军事斗争。

更值得大书特书的是林森培养航空人才的举措。1911年秋，美国进行飞机长途试飞时，历经40多天才从美国东部飞到西部。

第一次世界大战时飞机应用到军事上，引起林森的关注，他预感到飞机即将在军事等方面发挥重大作用。因此，在1916年春夏，林森领导的民国维持会成立华侨研究飞行的“民强学校”，并集资购买练习飞机，林森亲自出任飞机队队长，聘请美国人教授驾驶、建造、机械修理，为我国掌握航空技术做了有益的尝试。他还提议选择党中青年进入美国航空学校学习，以造就中国航空人才，期望他们将来回国开拓中国的航空事业。后来，中国初期的民用航空、空军的领导骨干多出自这批培训出来的人才。初期选择入学者有李光辉、张惠长、杨仙逸等20人，数年后学成返国，为国家服务，成绩斐然。

林森亲任华侨飞机队队长试乘飞机

林森在美洲三年，费时最多、成效最显著则是筹饷工作。林森到美洲出任美洲民国维持会会长及筹饷委员长，也就把筹饷工作贯穿于党务及宣传工作中去。

林森领导的美洲支部“规定每一党员每年至少捐助所得工资一月，至袁世凯倾覆之日为止”。派员赴各埠演讲及募款是当时常规做法，林森也亲自偕同黄伯耀奔赴全美国各大都市及加拿大、古巴等国演讲募捐，凡捐助之款，皆交付民国维持总会，取给义券，分送乐捐者，执为凭据。民国维持总会就成为侨胞公认的海外筹饷总汇之区。由于党员带头，宣传得力，许多爱国侨胞踊跃捐款。林森特别注意认真记账、严格把关。在华侨社会建立

了良好的信誉。维持总会开办两年半时间内，共计筹美金27万余元，助饷者南、北、中美洲十余国侨胞共2万余人。筹饷委员会为他们一一核实记录在案，装订成册，分送各机关，以供查阅。

林森自己则严于律己、诚以待人，凡与各埠党员通信，多亲自执笔，不假人手。林森在美之生活，极为简单，住在古里街中国旅馆，每日用膳，则同寄食于《少年中国报》以节省食宿费用。林森的生活费来源则是靠为福建一位出口商代理商务而获得的一些酬金。

林森领导的美洲支部经过艰苦努力，不但党务工作取得长足之进步，而且讨袁军饷之成绩，更超越了南洋英、荷两属地以及南美洲、中美洲、澳洲、加拿大各总支部。

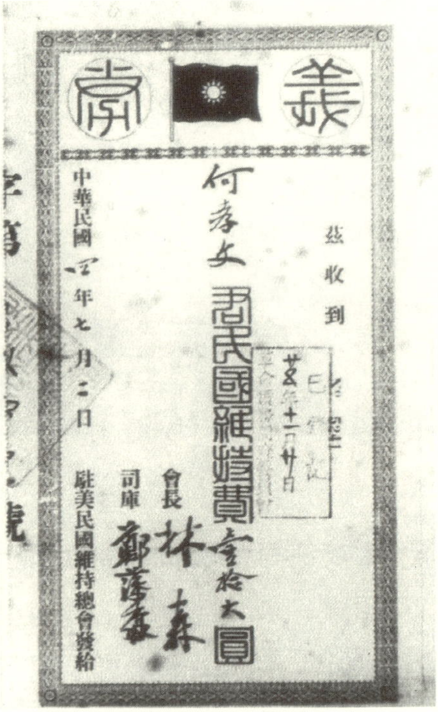

在美洲筹款的收据

林森在美洲期间，国内形势发生重大变化。袁世凯竟冒天下之大不韪，悍然于1915年12月12日复辟帝制。

在袁世凯筹备称帝期间，孙中山领导的中华革命党和以梁启超为首的进步党都积极策动讨袁起义。前云南督军蔡锷与云南将军唐继尧等人于1915年12月25日在昆明宣布云南独立，随即建立云南都督府，组织讨袁护国军，各地纷纷响应。袁世凯见大势已去，加上内部分崩离析，被迫于1916年3月22日宣布取消帝制。1916年6月6日，袁世凯在天怒人怨中离世。

随之，原副总统黎元洪当上大总统。段祺瑞担任国务总理，掌握实权。

在护法运动中

黎元洪上台后，全国要求恢复旧约法的呼声日益高涨。于是，北京政府于6月29日宣布恢复民国元年的《临时约法》，恢复了国会。

孙中山考虑到当年领导参议院审定《临时约法》的首任议长林森富有议会工作经验与能力，其资望在国内无人可比，让林森回来参与国会工作，必将有利于南方革命党控制国会，制约北洋军阀势力。

1916年7月，林森一回国就去上海拜见孙中山，随后前往北京向刚刚恢复的国会报到，履行议员职责。

然而，北洋军阀政权内部，以黎元洪为首的总统府与以段祺瑞为总理的国务院之间的“府院之争”极为激烈。黎元洪依英美作靠山，段祺瑞以日本为后盾，他们之间围绕着是否参加第一次世界大战争吵不休。结果，段祺瑞得势。他变本加厉地废除《临时约法》，抛弃旧国会，另组临时参议院，重建专制独裁的军阀统治。1917年8月，正式对德宣战，实际上是“对外宣而不战，对内战而不宣”，欲发动内战，消灭异己，武力统一中国。

1917年7月，孙中山在上海举起了“护法”旗帜，号召“拥护约法，恢复国会”。17日，孙中山从上海到达广州。北京政府海军总长程壁光率领第一舰队南下广州响应护法。林森等一批国会议员也来到广州。陆荣廷、唐继尧等西南军阀为了利用孙中山的威望和影响对付段祺瑞的武力统一，也表示附和护法。

8月底，国会非常会议在广州召开，通过《中华民国军政府组织大纲》，规定在"《临时约法》之效力未完全恢复以前，中华民国之行政权由大元帅行之，大元帅对外代表中华民国"。

9月1日，孙中山当选为中华民国海陆军大元帅。次日，非常会议选举陆荣廷、唐继尧为元帅。9月10日，孙中山宣誓就职中华民国军政府海陆军大元帅，又经非常国会通过，任命军政府各部总长，宣告了军政府的成立。随后，出师北伐，护法战争正式开始。从10月到12月，广东、广西、云南、湖南、贵州、四川、陕西、山东、浙江、安徽、福建都组织了护法军，护法战争席卷了10个省区。

大元帅府干部合影（林森位于孙中山左侧）

12月，林森奉孙中山之命赴菲律宾与南洋一带筹募护法军饷。"华侨反应热烈，踊跃捐输"，有力支援了护法大业。

1918年春，林森回国。4月2日，孙中山特令林森署理军政府外交总长。

但是，在军政府内部则存在着严重的危机。那些西南军阀本来与孙中山就不是同心同德的，陆荣廷、唐继尧这两个元帅政治上不愿与孙中山合作。军事方面，段祺瑞的直系军队南下作战，冯国璋的皖系部队则随后占地盘，因此两者之间产生矛盾，北洋军阀作战消极。而西南军阀只是以护法为名，行割据之实，故北伐亦不力。南北双方军队打打停停，似战似和，甚至暗中妥协，要牺牲护法以议和。

更有甚者，那些军阀政客还拉拢非常会议议长吴景濂等图谋改组军政府。1918年5月4日，国会非常会议修改“军政府组织法”，改大元帅独任制为总裁合议制执行行政权，由7个总裁组成，推举其中一人担任主席，以排挤孙中山。同日，孙中山被迫发表《辞职通电》，离开广州前往汕头，然后绕道日本到达上海。第一次护法运动宣告失败。

孙中山离粤后，林森仍然留在广州国会，继续坚持护法的立场，努力贯彻孙中山的政治主张。

10月，林森当选为参议院议长兼宪法会议主席，他深知“为国家求根本之解决”办法乃在于法治，制定宪法则是奠定治国基础的根本大计。因此，他全力以赴投入主持制定宪法的工作。但是那些心怀叵测的政客仍然不惜用种种消极手段大肆破坏，致使宪法会议屡次因不足法定人数而开不成会。拖到1919年2月24日，宪法会议议长林森在开会时又一次宣告不足法定人数，改开谈话会。他十分痛心地指出：我们来广东护法已有数年，未见成效。“今之所希望者，在此宪法，能于护法期间完成大业。不意少数人之牵制，又致功败垂成”。话未说完，泪流满面，哽咽说不下去。同时在座者，多半痛哭流涕。有道是“男儿有泪不轻弹，只是未到伤心处”。多年的奋斗无功而返，民主政治的理想

一次次地破灭，岂不令人扼腕叹息？怎不令人伤心欲绝？！

一波未平，一波又起。就在这期间，又发生了一起令林森忧心如焚的事件。1919年1月，处理第一次世界大战善后问题的“巴黎和会”开幕，中国作为战胜国派代表参加了会议。1月27日，和会讨论中国山东问题时，中国代表义正辞严地强调应将胶州湾租界地、胶济铁路及其他权利直接归还中国，但遭到日本代表的坚决拒绝。2月2日，日本驻华公使小幡嚣张地警告北京政府外交次长陈箓：山东问题须由中日两国直接交涉，中国政府应立即训令中国代表团，非经日本同意，一切问题不得在巴黎和会提出。小幡还进一步恫吓说：“日本陆军有精兵百万，而海军也有50万吨，现在无地用武。中日近在毗邻，正可发挥威力。”

日本公使恐吓北京政府的“二月事件”引起中国人民的强烈义愤。留在广东的林森领导国民党人立即行动起来，努力组织广东民众参加反对日本干涉中国内政、维护国家政权、保卫山东的爱国运动。

2月18日，护法国会参众两院议长林森和吴景濂发起的广州国民大会在广东省议会议事堂召开。林森任大会主席，大会讨论确定了“组织外交后援会，为国民的对外机关；由国民派出代表赴巴黎，力争在和会上撤去中日间一切不平等条约”等具体措施，并致电巴黎中国专使，希望他们“毅力进行，坚持到底，国人决后盾”。林森等人召集的广州国民大会是1919年中国社会上最早的一次国民大会，对于推动广东各界民众投身爱国运动发挥了积极作用。

3月2日，国民外交后援会在广东省议会召开干事会成立会，林森当选会长。会章还规定：本会定名为中华民国国民外交后援会，“以中华民国国民协助欧洲议和代表、取消一切不平等之条约及密约，以维持正义保卫国家为宗旨”。国民外交后援会是林森等国民党人以大革命的发源地广东为依托，尝试组建全国性反帝爱国运动的领导机构。国民外交后援会的成立，对于推动广东乃至全国民众爱国运动委实有积极的宣传、组织作用。

北京五四运动爆发后，林森就感到无比振奋，多次致电中国驻巴黎代表，“当从民意，死亦不可签字”。

5月11日，在会长林森的倡议与领导下，广东国民外交后援会联合各界民众，召开了近10万人参加的国民大会，声援北京学生的爱国行动。

林森对于因参加五四运动而被捕的爱国学生充满了关爱之情。5月15日，林森与吴景濂以及参众两院全体议员联名通电要求马上释放被捕的爱国学生，并且“严惩卖国贼曹汝霖、章宗祥、陆宗舆以谢天下”。正是在我国各界誓死力争、一再声援下，6月28日，我国代表拒绝在巴黎和约上签字。

在席卷全国的五四爱国运动中，留在广东的林森既是资深望重的国民党要人，又是位高任重的护法国会参议院议长。这样的特殊身份使他顺理成章地成为这场广东民众运动的领导人，而林森强烈的爱国心、使命感以及卓有成效的工作，委实为五四运动做出了特殊贡献。

1919年，林森留在广州的另一项工作是修建黄花岗烈士墓及举办纪念烈士的一系列活动。

鉴于1911年4月的黄花岗起义意义重大、影响深远，但草葬烈士遗骨的黄花岗墓地还相当简陋。为弘扬烈士的革命精神，激发国人的爱国热情，1919年1月，林森发起筹建黄花岗烈士墓活动，于春节前后分别向海外国民党各总支部发出捐款函并向孙中山作详细汇报，得到孙中山高度评价和大力支持。随后，林森对黄花岗烈士墓的修建花费大量心血，从建筑图纸的设计到工程进展的具体事务，他都日夜操劳、精心筹划、认真督建。工程在1919年1月开工，8周后初具规模。

1919年4月29日（农历三月廿九），林森在广州主持了盛况空前的黄花岗烈士的公祭活动，亲自撰写祭文，阐述活动的宗旨和意义，高度评价了烈士的历史伟绩和崇高精神。

林森还精心编撰《碧血黄花集》，并为之作序，以缅怀烈士的革命精神，弘扬先烈的浩然正气。

林森与福建同志公祭黄花岗（林森位于二排左七）

林森在爱国宣传方面取得了令人瞩目的成就，为后人留下了宝贵的精神财富。但是，他在国会议长的工作中则遇到了种种障碍，难以如愿以偿，被迫于1920年4月带领部分议员携带国会档案离开广东，先经香港到上海，再由上海赴昆明、重庆、九江，再往南京一行。其流离颠沛、艰苦备尝，不一而足。

8月16日，粤军陈炯明奉孙中山之命在漳州誓师，率师分三路回粤讨伐岑春煊、莫荣新，桂军退回广西。

11月25日，孙中山偕伍廷芳、唐绍仪等人重返广州，恢复军政府，国会议员也相继到达广州。

1921年元旦，孙中山在广州军政府演讲，主张建立正式政府。次日，林森也回到广州。孙中山电召吴景濂等议员时就以林森到粤相号召："子超于冬日抵粤，盼速偕留沪议员来粤开会。"12日，国会复在广州开会，林森当选为议长。林森坚决拥护孙中山关于成立正式政府、选举总统的观点，主张取消责权不明的军政府，选举孙中山为总统。4月7日，林森主持参众两院联合会议，通过《中华民国政府组织大纲》，建议"中华民国政府，选举大总统，畀以全权，俾得早日勘定变乱，统一民国"。10日，国会选举孙中山为中华民国非常大总统。

5月5日，孙中山就任非常大总统，上午8点，林森到孙中山住所，致送当选证书。9点半，在国会礼堂举行授印典礼，林森代表国民将大总统的印授于孙中山。广州数十万市民为之举行空

出席孙中山先生就职非常大总统留影（林森在孙中山左手边）

前盛大的庆祝会，体现了民心所向。广州的护法运动进入了新的时期。

此后的非常国会在议长林森的主持下，与孙中山领导的政府同舟共济、互相配合，推行护法大业。

8月10日，国会非常会议通过出师北伐决议，以谋国家统一。11月，孙中山到桂林组织大本营准备北伐，以林森留守广州，代行大总统职权。

在广州方面及各界人士压力下，北京政府大总统徐世昌于1922年6月2日宣布辞职。而直系曹锟、吴佩孚、齐燮元、孙传芳等人立即通电，请黎元洪复职大总统。

6月3日，孙中山发表通电，反对黎元洪复任总统，宣称应由护法政府承继总统一职。同日，广州非常国会召集全体会议，声明“中华民国合法大总统及合法国会均在广州，法统当由广州国会继承”。但黎元洪不顾国内舆论的反对，仍于6月11日进京就任了大总统一职。

就在这紧要关头，竟发生了1922年6月16日的陈炯明叛变，围攻总统府，企图谋害孙中山的事件，致使第二次护法斗争又告失败。历时5年的广州非常国会也就消亡了。

林森离开广州后不久又到海外处理侨务。在茫茫大海上，林森伫立船头，见前程茫茫、云遮雾障，心里充满了惆怅；回首望故国，心潮逐浪高！是眷恋，还是遗憾？是依依，还是凄凄？是魂牵梦萦，还是彷徨迷惘？想当初，辛亥革命风起云涌，摧专制建民国痛快淋漓；忆往昔，讨袁护法跌宕起伏，越重洋走四方峰回路转。掬心可告天日，宣义可泣鬼神！满以为循比以往，一德一心，扫除奸凶，兴复纲纪，岂不伟哉？怎料多方掣肘，宵小作乱，大业未终，分崩离析，可不令人痛心疾首，扼腕长叹！

就任孙中山推举的福建省省长

不久后，林森就奉命回闽，出任福建省省长。

1922年10月，粤军许崇智部进入福州，驱逐投靠直系军阀的福建省省长兼督军李厚基。为建立反攻广东陈炯明的战略基地，孙中山派林森、汪精卫、居正、蒋介石等到福州慰劳粤军，处理当地复杂之局势。

10月31日，福州召开福建各界公民大会，林森被推举为福建省省长。王永泉为闽军总司令，实行兵民分治。

11月8日，林森就任福建省省长。他发表的就职通电中表示："当此除旧布新之时，苟于福建军民分治，有所裨益，虽摩顶放踵，亦何所惜。分属公仆，无权利可言；身为匹夫，有责任之当尽。"

由此可见，林森就任桑梓的地方长官时并无金榜题名、衣锦还乡之荣幸，倒有如牛负重、如蹈汤火之预感，亦有"委身乡国，但期无负平生"的使命感，更有责无旁贷、见义赴勇之决心。实际上，林森上任伊始就处在身负重任而内外交困的境地中。

上任伊始，林森就发布了五条施政方针："筹设自治机关，公开财政，免除苛捐，整顿金融机关，维护教育事业。"他不建省长公馆，勤勉施政；轻车简从，深入民间；广招人才，励精图治。尽管林森竭诚尽力，但还是难以如愿。

实行军民分治，本是推行地方民主政治的有益尝试。但在政局动荡、百般掣肘的情况下，手无兵权的林森难以稳固地位。1923年2月2日，许崇智奉命率军离闽回粤。闽军总司令王永泉趁

机排斥林森，怂恿福州所谓“公民团”掀起“倒林拥萨”风潮。而在林森就任之前，10月15日，北洋政府就已任命萨镇冰为福建省省长。当时福州已在广东北伐军控制之下，萨镇冰实际上无法就任。但毕竟存在着两个省长的局面，而萨镇冰也是福州人，并在家乡颇有人望。在福建失去军事力量支持的林森面临的形势非常严峻，有人劝林森避让，林森则慷慨地说：“我奉命来，不得违命出，生死进退唯总理命是从。”

孙中山对林森充分信任、坚决支持：“子超为最忠于吾党主义，力倡民治之一人。”针对福州的“倒林拥萨”事件，孙中山极力主张“此间当维林排萨”。

但是2月8日，福州所谓“公民大会”推举萨镇冰为省长。“倒林拥萨”风潮愈演愈烈，孙中山也难以制约得住。

鉴于广东已重新为南方政府所控制，福建的战略地位显得次要并已无法左右，孙中山也准备返粤就任大元帅正需要得力之人相助，就同意林森辞去福建省省长之职。

2月25日，林森自行辞职，结束了3个月风风雨雨的省长生涯，一肩行李，两袖清风地离开省府。应老朋友林右箴的邀请，林森到连江县的青芝山作短暂休息。青芝山草木葱茏、岩洞奇特、环境幽静。刚离开政治风潮，身心疲惫的林森深深爱上了这块清幽的地方，于是就托人买下山上一块杂地，立为“陶江界”，准备建一别墅，作为自己退身之所。

3月1日，萨镇冰从福州南台海军公所迁入城内省长公署，正式通电出任福建省省长。

“倒林拥萨”尘埃落定，在这两种政治力量的较量中，林森被萨镇冰取而代之。但他俩并没有结怨。1936年8月，时任国民政府主席的林森回到福州，乘坐挂元首旗的汽艇在马江码头登陆，改乘汽车进城，受到福建省政要及群众的热烈欢迎。萨镇冰也站在欢迎的队伍中，被人发觉，并告诉林森。林森立即下车与萨镇冰握手致谢，并请上车同坐，萨镇冰婉言辞谢。后来在1945年福州各界捐资改建镇海楼为林森纪念堂，开工典礼便是由萨镇冰主持。

1923年初，孙中山成功地策动滇桂联军驱逐陈炯明，回到广州设立大元帅府，并于3月建立中华民国政府陆海军大元帅大本营，这是孙中山第三次在广州建立革命政权。

3月，林森奉召回粤，再次进行黄花岗烈士墓修缮工作，并与吴稚晖、邹鲁认真核对、详细考证烈士名单，计有89人牺牲，纠正了殉难72人之说。

8月，林森就职大本营建设部部长，致力于广东的实业基础及水利工程建设等工作。

10月4日，林森就拟定了《暂行工艺品奖励章程》及实施细则，并指出：“富国之道，工商为重，改良商品，工艺为先。吾国工业方在萌芽，提倡奖励，责在政策。”他这种振兴工商业的政策措施受到了孙中山的高度赞赏，很快就获得批准施行。接着，林森又拟定《国有荒地承垦条例》32条，并说明制定这个条例的意图：“童山荒野所在皆是，亟宜开垦，以辟土地，而厚民生。”此后，林森又陆续制定出《商标法》《权度法》《权度营业特许法》《权度法实行细则》等法规，为振兴广东方面的农业、工商业并加强管理做出了积极的贡献。

参与筹备国民党一大工作

当孙中山领导的护法运动波涛起伏之时，国际形势则发生了

重大变化。

在第一次世界大战中的1917年，俄国爆发了十月革命，建立了世界上第一个社会主义国家，从根本上改变了中国革命所处的外部环境。

1919年3月，共产国际（第三国际）在莫斯科成立。

苏俄政府与孙中山也互相伸出了友谊之手。

孙中山致力革命几十年，历经坎坷、饱经忧患，在武昌起义之前，他领导的同盟会发动了多次武装起义，屡战屡败。难能可贵的是他屡败屡战、百折不挠，为建立一个三民主义的民主共和国而不懈奋斗，但希望一次又一次地落空。一次次的碰壁失败、一回回的重整旗鼓，一个个惨痛的教训使他悲痛万分、仰天长啸：中国的希望何在？革命的前途何往？眼前的路在何方？何力可以凭借？何人能够依靠？十月革命一声炮响，使几乎绝望的他受到了极大的震撼；中国共产党的成立，也使他看到了一种新生力量的出现。

十月革命胜利后，孙中山就曾经致电祝贺。1920年秋，孙中山在上海会见了共产国际代表维金斯基，建议同苏俄建立电台联系并要求苏俄提供军事援助。1921年底，孙中山在桂林会见苏俄代表马林。马林建议孙中山建立一个有广泛群众基础的革命政党，建立学校培养军事人才。孙中山也进一步表示与苏俄公开建立联盟的愿望。1923年1月，也就是孙中山驱逐陈炯明准备返粤重新建立大元帅府之前，他在上海会见苏联政府特使越飞后，发表了著名的《孙文越飞宣言》，公开揭示了联俄政策。这是国民党政策发生重大转变的标志。

在共产国际帮助下，中国共产党于1921年7月成立。1922年7月，中共“二大”就提出了反帝反封建的民主革命纲领，与孙中山的三民主义有很多共通之处。8月，根据共产国际的指示，中共中央在杭州西湖举行特别会议，讨论与孙中山的国民党合作、建立统一战线的组织形式问题。1923年6月召开的中共“三大”正式决定全体共产党员以个人身份加入国民党，以建立国共合作的统一战线。尽管中国共产党是纲领明确、组织严密的新生力量，但她毕竟刚刚诞生，人数有限，在“三大”时才400多人，也需要联合其他革命政党从事反帝反封建的革命伟业。

在共产党人的帮助下，孙中山积极推进国民党的改组工作。经过认真讨论研究、再三推敲修改，1923年新年伊始，孙中山发表了《中国国民党宣言》，宣布了国民党党纲和党章。即将新生的国民党有了较为系统的纲领性文件。

孙中山回到广州建立大元帅大本营后，加快了国民党的改组和国共合作的进程。

在这段时间里，林森在福建当省长，返粤后又致力于黄花岗烈士墓的修缮工作，还奔走于粤沪之间联系由北京南下的国民党议员。因此，他未能参与制定国民党宣言、党纲、党章等工作。而当国民党改组及国共合作推进到实质性关键阶段时，林森则被孙中山委以重任。

1923年10月10日，国民党召开声势浩大、有海内外党员参加的恳亲大会。林森在大会上发表讲话，指出“俄国有极大的团结，故进步快”，阐述了孙中山关于联俄的思想。同日，孙中山指派林森、胡汉民、廖仲恺、谢英伯等人召集国民党广东支部科长以上职员及海内外各总支分部代表举行党务讨论会，由林森担任正主席，讨论党务兴革等重大事项，为国民党的改组及国共合作在思想上、舆论上作准备。这个研讨会是国民党一大召开前的一次极为重要的活动，“实启国民党改革之先声”。10月25日，孙中山指派胡汉民、林森、廖仲恺、邓泽如、杨庶堪、陈树人、孙科、吴铁城、谭平山等九人为国民党临时中央执行委员，汪精卫、李大钊、谢英伯、谷应芬、许崇智为候补委员，鲍罗廷为顾问，全面负责国民党改组事宜。

林森则按照孙中山的要求努力进行筹备国民党一大的工作。

1924年1月20日上午，中国国民党第一次全国代表大会在广

主持党务讨论会的林森与孙中山等合影（林森在孙中山左手边）

州的广东高等师范学校礼堂开幕。大会期间，林森又被孙中山指派为五人主席团成员之一，在大会核心领导人之列，共6次担任大会执行主席。林森任执行主席的次数仅次于主持会议8次的孙中山，其余的为胡汉民5次，谢持2次，汪精卫和李大钊各1次。在会上，林森当选中央执行委员、海外部部长。国民党一大的成功召开也标志着第一次国共合作的实现。

扬先贤正气，振国人精神

1924年2月20日，林森提议将黄花岗划为烈士陵园，禁止附葬。

3月29日，也就是烈士殉难13周年纪念日，林森花费大量心血督建的黄花岗烈士陵园建成。他率领本部同人“谨以香花清酌之仪致祭于七十二烈士之坟”，并致辞高度评价忠肝义胆、取义成仁的烈士。

黄花岗烈士墓

脍炙人口的林觉民“诀别书”其实也是经过林森的推荐刊行而广为流传的。1924年春，林森收到林觉民父亲林可山寄来的两封烈士家书（即《与妻书》《禀父书》），阅后十分动情，决定“谨将原书摹印广布，俾烈士精神长现人间，期振励国人”，并为之撰写一篇感人肺腑的跋，高度评价林觉民烈士的崇高的思想境界与自我牺牲精神。从此林觉民这感人至深、足以使之不朽的“诀别书”广泛流传。

林森这时期所从事的另一项重要工作则是力行民生主义，为民办实事。6月，孙中山任命林森监理广东治河督办。林森认真履行职责，致力于整治西江、东江和疏浚珠江的工作，为民造福，成效可观。7月12日，他远赴檀香山出席太平洋粮食会议，31日到达檀香山，8月下旬会议结束时又前往欧美访问后回国。

在林森出国前后，国内形势发生了重大变化。

1924年6月，在苏联的帮助下，黄埔军校正式成立，孙中山、林森、蒋介石、廖仲恺等出席了开学式。从此，国民革命有了自己的军事干部培训基地。

1924年秋，广州商团叛乱。10月15日，孙中山以黄埔军校学生军为主力，动用广州工人、农民武装，在人民的支持下平定了商团叛乱，初步稳定了广东的局势。

1924年10月22日，直系将领冯玉祥率部发动北京政变，囚禁贿选总统曹锟；驱逐末代皇帝溥仪出故宫，废除帝号，结束了辛亥革命后还保留一个小朝廷的怪现象；将部队改称中华民国国民军；邀请孙中山北上“主持大计”，共商国是。冯玉祥又同张作霖联名推段祺瑞为中华民国临时总执政。张作霖、段祺瑞鉴于广东政权的声威，也邀请孙中山北上。

为了争取祖国的和平统一，孙中山毅然抱病北上，于12月31日抵达北京，受到北京人民的热烈欢迎。可惜，他由于积劳成疾，身患肝癌，到北京后不久病情恶化，不幸于1925年3月12日在北京逝世，终年59岁。在他弥留之际，还以微弱的声音呼喊：“和平、奋斗、救中国。”

3月19日，举行把孙中山的灵榇移至中央公园的移灵仪式。林森与张继、汪精卫、孔祥熙、宋子文等8人作为第一组升梓人员用青布挽枢环将灵榇扶出礼堂。23日，国民党北京市全体党员1500人齐集社稷坛，举行哀祭，由林森主祭。在那悲痛的日子里，先后在孙中山灵堂前致祭的达75万人。林森敬献了挽联：“一人千古，千古一人。”此外，他还参加了守灵。

随后成立“总理葬事筹备委员会”，林森是其中重要成员。

对于孙中山的逝世，林森感到无比悲痛。他们之间不仅是领袖与助手的关系，而且也是志同道合的挚友。孙中山对林森极为信任，赞赏林森“自入兴中会至今，无一事，无一役，不是笃行革命宗旨而不稍息”；“今先生高才饱学，谦冲为怀，甘为鼓吹家、实行家，此不独个人感激得一知己，尤为全民幸福称庆也”。

林森对孙中山也极为崇敬，紧紧跟随。在此后的相当长的时间里，林森尽心尽力地督建南京中山陵；不遗余力地宣传孙中山的革命精神。他还于1940年领衔提议尊孙中山为“国父”，上述提案获得国民党第五届中央常务委员会、中央执行委员会和国民政府的批准，至今还为海内外华夏儿女所熟悉。

在孙中山逝世前后，广东革命政权进行了统一广东的战争，经过两次东征，歼灭了陈炯明的主力；又进行南征，统一了广东，为即将进行的北伐战争奠定了基础。

1925年7月1日，中华民国国民政府在广州成立，汪精卫、胡汉民、林森、廖仲恺等16人为委员，以汪精卫为主席，胡汉民、谭延闿、许崇智、林森为常委。

国民党一大后成立了以左派廖仲恺为部长的工人部，以共产党员林伯渠为部长的农民部，实行扶助农工政策，推动工人、农

民运动蓬勃发展起来，并引起国民党右派的恐慌。于是，林森在邹鲁、谢持等人的怂恿之下参加了在北京西山碧云寺孙中山灵前召开的“国民党一届四中全会”，史称“西山会议”。1925年11月23日至1926年1月4日，西山会议通过《取消共产派在本党之党籍案》《开除中央执行委员之共产派谭平山等案》《决定本党此后对于俄国之态度案》《顾问鲍罗廷解雇案》《开除汪精卫党籍案》等议案，后又在上海另立中央，形成了“西山会议派”。

“西山会议派”公开排挤共产党的行径损害了当时国共合作的统一战线，遭到共产党人和国民党左派的猛烈抨击。林森则在北京参加西山会议后就退隐了，没有到上海参与另立中央的分裂活动。

在1926年1月的国民党二大上，邹鲁、谢持被开除党籍，林森则受到比较轻的党内警告处分。这是林森一生中巨大的政治挫折。

北京西山会议后，林森大病一场，随之到庐山休养。在庐山，他留下一首《庐山避暑》七律：

闲来垂钓柳阴边，好趁斜阳雨后天。
碧藻重重鱼队队，清风拂拂水涓涓。
静看濠濮生机活，默念尼山道力坚。
一曲渔歌一篇咏，归来看我也如仙。

这首隐士风貌、佛道品性的诗篇，就是他躲避政治风浪、寄情山水、与世无争的自我表白。

在退出政坛的日子里，林森有充裕的时间回到故乡，再上连江青芝山建自己的别墅，可以安详地过隐居的生活。

青芝山又叫百洞山，因有千姿百态的岩洞景象而得名，有108景之奇，四季常青、鸟语花香、风景如画、环境清幽。山上有座寺院，因地而名青芝寺，长年青烟袅袅、磬声悠悠，使人心定神安。

林森初到青芝山时，暂住在寺旁梅花楼，因游人较多，难得清静，于是他在附近虎洞旁，选一块空地，盖一座小楼。他亲自设计，以谷筛为园窗、用麻竹做水槽。楼上室内以故里凤港村的水牛角为挂瓶，又用麻竹头为植花种草之盆景，壁上镶些古香古色的瓷盘。楼下庭院种一些花草，四周依岩自然围成短垣。乡野气息扑面而来，人工天然相映成趣。门上一面书曰“常关”，谕以闭门静养，避免喧嚣之意；门匾题为“啸余楼”，示为虎啸之余，退休终老之志。

林森的隐居生活极为简单，罕见宾客来往，只有工友相伴。文墨书信亲自动手，日常生活自己料理。常常看看古书佛经，时时走走寺庙农舍。或与寺僧农友攀谈，或给花草树木疏理。

青芝山林森藏骨塔

1926年，他还在青芝寺附近建了一座坟式石塔，刻有“参议院议长林森藏骨塔”，似有不恋权位、功成身退之意，又有超凡脱俗、效法高僧之情。

田园虽好，毕竟不是志士久留之地；山水固美，诚非豪杰流连之所。林森为之奋斗几十年的事业怎能就此抛弃？一个习惯于紧张政治生涯的人怎会在壮年之时就安于颐养天年的生活？这时他还没到心如止水、身似槁木的地步，还有许多要事要做，还有一种夙愿未了。他还肩负着“总理葬事委员会委员”的重任，他还要亲自去督建中山陵以慰总理的在天之灵。

1927年9月上旬，林森结束隐居生活，回到南京投身于中山陵的建设中。林森仍然担任主持工程工作的常委，并兼任陵园计划委员会委员，负责陵园的整体规划工作。此后，他为中山陵的建设倾注了大量的心血。查阅葬事筹备委员会的会议记录，在1928年1月至1929年6月18日，即中山陵建设最紧张阶段，共开了15次会议，其中11次会议是在林森主持下召开的。

鉴于中山陵若限于2000亩的狭小范围难以发展，林森提议：将整个紫金山划入陵园范围，统筹规划，建成一片宏伟的纪念性陵园。在全山植树造林，陵墓附近培植观赏性的四季花木，如桂、梅、李、杏、枫、梨等等。后来的历史证明林森的规划很有

林森等迎榇专员及工作人员抵达西山碧云寺后合影

远见。大半个世纪以来，气势磅礴的中山陵及巍巍钟山、莽莽林海吸引了无数的海内外宾客来这里瞻仰伟人，观光游览。

中山陵建筑过程中，林森极为关注，十分尽职，他多次来到陵墓工地，了解工程的进展情况，解决碰到的问题。

1928年底，中山陵主体工程基本建成。

在1929年盛况空前的孙中山下葬中山陵的“奉安”大典活动中，林森出任“特派迎榇专员”的首席代表，率先垂范，事必躬亲，全力以赴地开展工作，确保移灵奉安大典的顺利进行。

奉安大典结束后，总理葬事筹委会撤销，代之以总理陵园管理委员会，林森任常务委员兼总理陵园园林设计委员会主任委员，继续致力于中山陵后期工程建设。

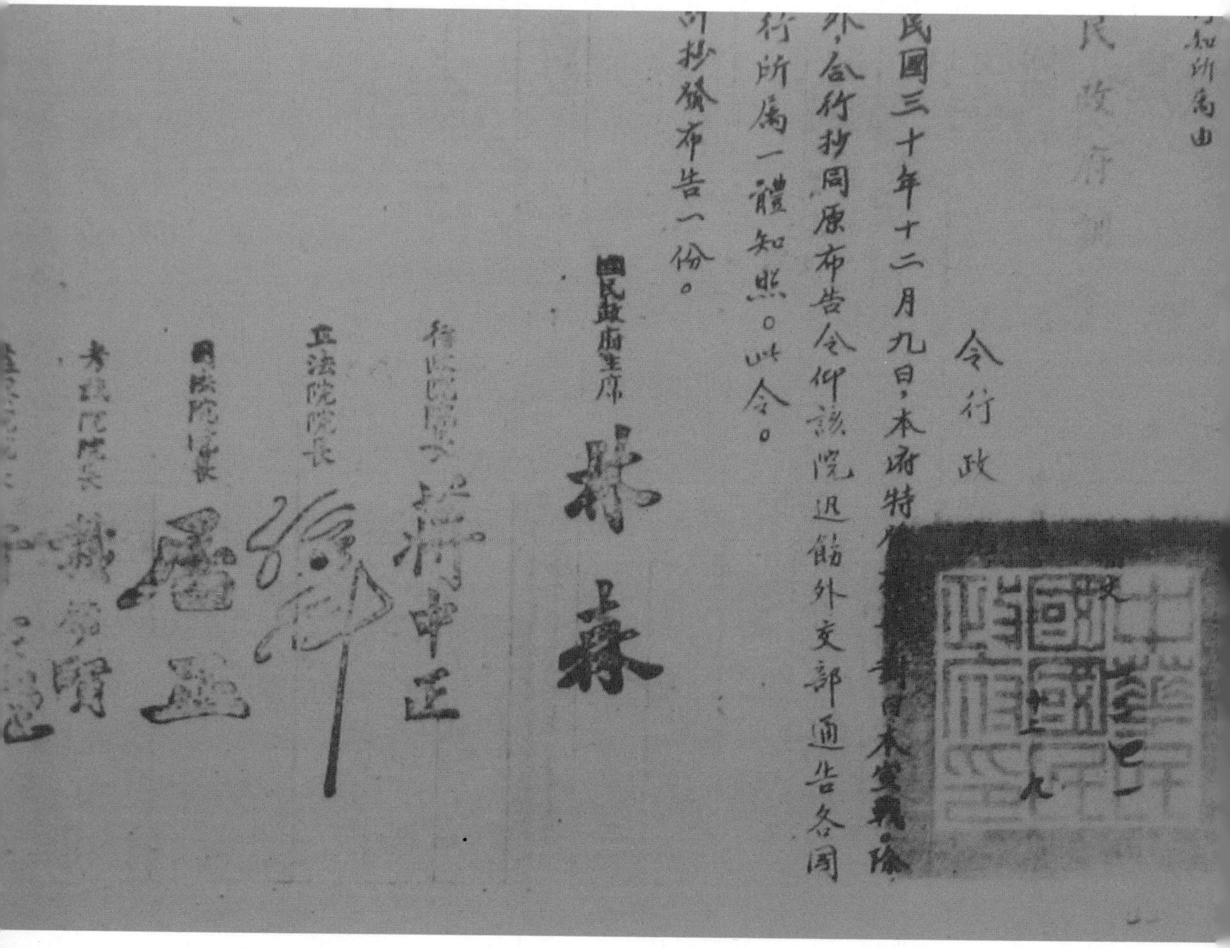
……知所屬由
……民政府……
令行政……
民國三十年十二月九日，本府特……日本宣戰，除……
外，合行抄同原布告令仰該院迅飭外交部通告各國
……行所屬一體知照。此令。
附抄發布告一份。
國民政府主席 林森
行政院院長 蔣中正
立法院院長 孫科
司法院院長 居正
考試院院長 戴傳賢
監察院院長 于右任

第三章

救国兴邦

同人受命膺此重任，惶悚万状，今后竭尽智能，本大团结精神，遵总理遗教努力职守，使国事日有进步以副国民质之殷望。

就任国民政府主席

西山会议后，林森从政治舞台退隐期间，中国的政局跌宕起伏。在国共合作的旗帜下，国民革命狂飙突进，迅猛发展。尤其是1926年夏开始的北伐战争，在人民群众大力支持和苏联的帮助下，在短短的大半年时间内，就从珠江流域打到长江流域，迅速消灭了军阀吴佩孚、孙传芳主力，国民革命军也从原来的8个军10万人扩展到20个军25万人。

可惜，好景不长。1927年春夏，蒋介石、汪精卫相继向共产党举起屠刀，第一次国共合作破裂了，轰轰烈烈的大革命受到严重挫折。

与此同时，西山会议派则与蒋介石集团合流，继续反共反人民。但林森并没有以反共先知来标榜邀功，当那些军阀政客拼命争权夺利时，他则超然于派系纷争之外，毅然隐居在连江青芝山，又应乡亲的要求，时常回闽侯尚干主持修订陶江林氏族谱。

在青芝山与亲友合影

1927年9月，林森名列“宁汉沪”合流的特委会委员，次年2月又当选为国民政府委员，10月成为立法院副院长，后又当选为国民党中央监察委员。重新成为国民党政要的林森回到南京则全身心地投入到总理葬事筹委会常委的工作，埋头致力于南京中山陵的建设。

1929年，新军阀混战烽烟四起，蒋桂战争、蒋冯战争以及“护党救国军”讨蒋战争等搅得国无宁日。1930年，正当国民党内派系斗争愈演愈烈，阎锡山、冯玉祥和桂系等军阀，汪精卫、胡汉民、西山会议派等政客联手倒蒋，新军阀混战中规模空前的中原大战打得震天动地时，林森则在中山陵建设之余回到故乡，主持编纂《纪念义姑特辑》等纪念陶江林氏先祖“义姑”的系列活动，并资助被军阀杀害的民国报界巨子林白水的灵柩运回闽侯故乡安葬，以远离军阀大厮杀的旋涡。

与陈耀垣（左一）等合影

中原大战虽以蒋介石获胜而告终，但国民党的内讧并未停止。1931年3月2日，立法院院长胡汉民被蒋介石囚禁后，林森被选为立法院院长。从此，林森又成为举足轻重的要人。由于政局动荡不安，林森对立法院的工作无能为力，只得等闲视之。

1931年2月28日，就在胡汉民被囚禁的那一

天，林森则飘然出洋，带着侨务委员会委员陈耀垣到海外进行为期8个月的视察活动。他正是在旅途中当选为立法院院长的，自然无法就任，也再次避开了权力斗争的中心。

这次他去海外负有视察党务、慰问侨胞、募捐三项任务，行踪遍及五大洲，历时8个月，于1931年10月中旬满载而归。

林森在海外的8个月时间，有3个月在瑞士日内瓦近郊租个仅有两小间的农舍避暑度假。林森与陈耀垣两个人自己整理房间，洗涤衣物，烧饭做菜。没有筷子不便吃饭，他就自己动手用木头削成木条作筷子之用。林森在海外视察的这段小插曲固然说明他公私分明、生性淡泊、安于清贫的品格，更有其拖延归国时间以躲避国内政治纷争的意味。

在当时几乎席卷了全部国民党要员的派系纷争中，林森能持超然态度，避而远之，实为难能可贵。

尽管林森小心翼翼地避免卷进党内纷争的旋涡，但政治还是向他招手。1931年底，林森竟被推上国民政府代理主席——国民政府主席的政坛顶峰，成了“国家元首”。

淡泊名利的超然人士林森膺任“国家元首”尊位，正是国民党内权力之争闹得不可开交的结果，也是当时形势发展的必然产物。

九一八事变后，中华民族到了最危险的时候。而国民党要员们却依然在谋私利而争争吵吵。在这国难当头之际，国民党各派依然不能汇聚一堂，国民党四大居然分成南京的“蒋记四大”和广州的“反蒋派四大”。在开会过程中，广州的四大又分裂成“胡记四大”和上海的“汪记四大”。之所以会开成如此支离破碎的代表大会，就是由于国民党三巨头——蒋介石、汪精卫、胡汉民三派之间的争权夺利，相持不下。在胡汉民与汪精卫联手逼迫下，蒋介石感到众怒难犯，又采取“以退为进”的手段，宣布下野。

当时反蒋派坚决主张：“倘这次中央政治改革方案能通过实行，在国府主席不负实际行政责任，自以年高德劭可为全国楷模者任之为宜。”以此标准来衡量，年高德劭资深的超然人士林森显然是当时各派系皆能接受的国家元首的最佳人选。于是林森于1931年12月15日被推选为国府代主席。月底，国民党四届一中全会议决国民政府主席为国家元首，但不负实际政治责任。林森于12月28日正式当选为国民政府主席。

林森的思想品格中，既有道家淡泊名利的一面，更有传统儒家积极明志的一面。林森是抱着勇赴国难的决心，毅然登上政坛的顶峰，而不是怀着君临天下的心情去争夺权位的。1931年12月25日通过的《中央政治改革案》规定“国民政府主席不负实际责任”，也就是说林森出任的是明文规定没有实际权力的国家元首，这在中国政治史上是破天荒的。因此，那些军阀政客对虚设国府主席一职也并不那么看重。况且，在内忧外患时出任国民政府主席还必须有走上火山口、迈向火炉上的勇气。

国难当头时，林森一改“隐逸风貌”，义无反顾地接过国府的烂摊子，激流勇进地投入共赴国难、抗日救亡的政务活动中。

林森任国民政府代主席——主席时期，政府内部的混乱、军队士气的低落和社会人心的不安已达到了极点。当时是九一八事变的两三个月后，日军正大举轰炸辽西之际，祖国河山破碎之时。在南京，爱国学生请愿示威浪潮汹涌，“打倒国民党、打倒国民政府”的呼声震撼着国民政府，甚至教育界德高望重的蔡元培也被愤怒的学生殴打致伤。在国家危难关头，蒋介石于1931年12月22日飘然引退，汪精卫、胡汉民称病不出。重要领袖如此，

以下“各部部长及重要员司莫不纷纷辞职，无论辞呈是否批准，是否有人接受，皆一走了之”。财政部上至部长宋子文下至科长全辞职，国民政府经费无着。就在这种内外交迫的困境中，林森兢兢业业履行国民政府主席职责，奋力苦撑危局。

面对如此严峻的局势，深感孤掌难鸣的林森不得不到处恳请国民党要员出山，其情感之真挚、形势之迫切，恰如他致被委以行政院院长之职的孙科的劝驾信所言：“务思即日返京，以慰苍生，以救党国。总之，先生今日实系党国存亡。政府之即日建立与否，又为党国存亡之关键。事机迫切，群情惶惶，望先生如饥待哺，翘足延企。”本来林森生性淡泊，不恋权位，具有“恬退淡泊及其山林隐逸的风貌”。当此危若累卵之时，他却毅然接过这烂摊子，甘愿受此煎熬，这究竟为何？林森在劝胡汉民入京的电文之中有段话耐人寻味：“介（石）兄昨日离京，精卫兄尚因病滞沪……当此外侮日迫……弟念总理致力革命40年，在北平弥留之际特以和平奋斗救中国遗嘱勉我国人，平时当立起直追，继续总理未完成之工作。况且党国危急状况，千钧一发，我辈岂能坐视不救？”这肺腑之言与其说是对胡汉民的劝驾之语，不如讲是对那些临危而惧、临难而缩的“党国要员”的鞭挞，同时也是他自己勇赴国难、敢担救国重任的就职宣言与内心表白。

他在派系纷争中保持超然的态度，而当国家危难之时则义无反顾地担负起领导救国图存之重任。与其说他是以年高德劭之身而荣膺元首，不如讲他是怀以身许国之心而临危受命的。

林森就任主席之日，正是国难日深之时。他的元首生涯与中华民族的多难兴邦、抗日救国的伟业息息相关。

林森正式就任国民政府主席伊始，发表了一系列重要讲话，表明自己的政治态度，殷切期望同仁卧薪尝胆、团结御侮。

1932年元旦，林森宣誓就职时的答词："同人受命膺此重任，惶悚万状，今后竭尽智能，本大团结精神，遵总理遗教努力职守，使国事日有进步以副国民质之殷望。"

1月4日，林森在国民政府纪念周演讲"天下为公"；1月11日，林森在国府纪念周又讲"一心一德，贯彻始终"。

林森上任后签署了一系列国民政府令，其中很有必要指出的有两项：

其一，1月8日，下令实行言论自由，检查新闻一律撤销。

其二，1月18日，下令通缉溥仪、溥伟、郑孝胥等叛国内乱犯。

由于林森是年高德劭的超然人士，他的上台有利于人心的维系、政局的稳定，起了中枢机构平衡器的作用。

事实上，林森成为元首后，国民党内部历时多年的新军阀混战、派系纷争严重的局面基本稳定下来，实现了暂时的统一。

林森与蒋介石等党政要员合影

1月21日，蒋介石、汪精卫已相继回到南京。随即，蒋介石、冯玉祥、阎锡山、张学良等组成军事委员会，蒋介石担任军事委员会委员长，汪精卫出任行政院长，中枢机构暂时得以稳定。而统一稳定确有利于抗敌御侮。

国民党政要张群在台湾1966年“林故主席百年诞辰纪念”时指出：林森出任国民政府主席后，“自洛阳还都至卢沟桥事变，这五六年间，国家呈现了民国以来空前的安定局面，并奠定了八年抗战的胜利基础”。这是符合历史事实的评价。

对外力主抵抗，对内致力和平

林森正式当选国府主席不到一个月就爆发了上海“一·二八抗战”。

1932年1月，日本在上海多次寻衅，制造事端。28日晚11点，日军按原定计划袭击上海闸北的中国驻军，日机也对上海市区狂轰滥炸，制造了震惊中外的“一·二八事变”。

驻扎在淞沪的十九路军在总指挥蒋光鼐、军长蔡廷锴和淞沪警备司令戴戟的指挥下奋起抗战。29日，十九路军将领联名通电，庄严表示：“正当防卫，捍卫守土，是其天职。尺土寸草，不能放弃。为救国保种抵抗，虽牺牲至一卒一弹，决不退缩，以丧失中华民国军人之人格。此物此志，质天日而昭世界，炎黄祖宗，在天之灵，实式凭之。”2月14日，张治中率领第五军奉命增援上海，投入战斗。在广大人民强有力的支持下，国民政府军队的抗战取得重大成果，到2月底，日军陆续增兵到10万人，耗时30余天，伤亡逾万，三易主帅，仍未能有所前进。

上海燃起战火后，近在咫尺的南京受到了严重威胁，为防不测，国民政府决定迁往洛阳办公。

林森成为国家元首后仅1个多月，国民政府就被迫迁移。这对国民政府主席来说，其悲愤之情、忧患之感是难以言表的。但他还是大声疾呼“团结一致，共赴国难”，并要求国人要有卧薪尝胆精神，力求简约。

“淞沪抗战”后半段，蒋介石、汪精卫在“一面抗战，一面交涉”的幌子下，实际上对抗战消极观望，并准备与日军协商停战的时候，林森于2月24日在洛阳则对记者发表谈话，坚定表示：“外交问题，政府不屈服，国人亦自身奋斗，始有出路。”4月15日，中日谈判正进行中，林森又在上海发表谈话：“当此强邻压境、危急存亡之秋，与其屈辱图存，毋宁坚决抵抗。纵或失败，亦有光荣。我国军火财政，虽两俱不充，但本人以为除坚决抵抗外，绝无委屈妥洽之可能。本人忝主中枢，当以国家为前提，努力去做，各党派意见虽杂，但抗日御侮，必人同此心，否则同归于尽。”此间话语，显然隐藏着难以言喻的对蒋介石、汪精卫妥协政策的愤慨与无奈。

3月3日，在国联以及英国驻华公使的斡旋下，中日双方停止军事行动。5月5日，《淞沪停战协定》签订。

虽然林森反对妥协的主张未能得以贯彻，但他坚决抵抗的信念对全国同胞无疑是巨大的鼓舞。

淞沪停战之后，十九路军被调到福建去“剿共”。这对广大爱国官兵来说，更是违背了他们当初奋起抗战时通电全国发出的誓言。随着日寇步步紧逼，侵占我东北华北，中华民族危机进一步加深，他们更感到天下兴亡匹夫有责，作为军人更应该抵抗外敌侵略，杀敌报国。面对严酷的现实，十九路军领导人选择了联络红军，抗日反蒋的道路。同时，李济深、陈铭枢等主张抗日反蒋的政要也到福州，共谋大举。

国民党中央见势不妙，在福建事变千钧一发之时请林森回福州当说客。

林森是年高德劭的国家元首，在淞沪抗战中，始终支持十九路军的抗日壮举，赢得蒋光鼐、蔡廷锴等爱国将领的好感；他与李济深、陈铭枢的关系也很好；福州又是林森的家乡。因此，让林森回福建做疏通、说服工作无疑是上策。

这对林森而言却是左右为难、徒劳无功之举。他的一贯立场都是坚决主张抗战、反对妥协的。他在内心深处十分同情十九路军的遭遇，坚决支持爱国官兵的抗日言行；但是，他也极力主张精诚团结、一心一德、稳定政局以共赴国难，不愿意看到地方割据、政令不通的局面出现。然而，他也深知在民族危机日益加深之时，蒋介石仍然坚持攘外先安内，是极不得人心的，抗日反蒋的行为是难以制止、劝说得动的。

林森乘军舰回到福州

林森乘“瑞应”号军舰于10月23日下午抵达福州，受到热烈欢迎。他就住在仓前山程浦头私邸，而不在省府宾馆落脚。次日，林森在福州视察了福建省的军政机关。连日来，本省军政界各要人以及林氏亲族故旧络绎不绝地前来拜见。

林森于酬应之暇，游览了西湖公园、藤山公园各处，对于旧游之地、花草树木，流连忘返，久久徘徊，不忍离去。故乡的热土、美丽的家园，奈何饱受震荡创伤？伟大的民族、善良的人民，怎能屡经动乱的折磨？但他是举足轻重的国民政府主席，内心的苦衷只能向天地倾诉；他是众人瞩目的国家元首，难言的隐曲也不便对父老乡亲表露。只能暂把烦恼抛开，投入故土的怀抱，领略家乡的山水，融进浓浓的乡情。

27日，林森离开省城返回故乡尚干，视察了禄家小学、凤港小学、尚干小学。次日在尚干陶江宗祠拜谒祖先，又同乡亲们商讨在尚干捐资兴办省立乡村师范学校事宜。29日，他从尚干启程到连江青芝山自己修建的别墅休息。

11月11日，林森在福州会见陈铭枢等人。林森劝告他们不要

林森在凤港小学与师生及乡亲合影

反对中央，打消在福州发难计划，以免遭自相残杀之苦。但他们坚持另组政府的主张。林森见劝告无效，也只好作罢，无功而返。11月15日，林森从福建回南京。

诚然，林森这次返闽，负有特殊的使命、怀着异常的心情，而采取了特别的举动、奇异的方式。表面上，他回到家乡、走亲会友，富有闲情逸致；实际上，他左右为难、心情沉重，怀有难言苦衷。与其说他是回闽以“疏通闽局”，不如讲他是返乡视察教育，解决乡村教育问题。作为国民政府主席，似乎才非所用、作非所职。这种现象，确实耐人寻味。

11月20日，李济深、陈铭枢、蒋光鼐、蔡廷锴等发动“福建事变”，22日在福州成立“中华共和国人民革命政府”，推举李济深为主席，同时成立以陈铭枢为总书记的生产人民党，宣布反蒋抗日。

同日，国民党中央政治会议开会，林森也出席会议，讨论“福建事变”问题，决定对福建采取军事讨伐和收买分化手段以消灭这种异己势力。十九路军由于得不到各方面的有力支援，内部意见又不统一，坚持不到3个月，就宣告失败。

林森虽然是国民政府主席，但不负政治责任，没有实权。他既无法制止事态的发展，也不能反对中央对自己家乡福建的动武决策，其心情的沉痛可想而知。当中央军的飞机在福州、漳州等地狂轰滥炸之时，福州闽侯商会的乡亲致电林森，“请求飞机勿再轰炸”。见到这种电报，他能无动于衷吗？但身为国家元首的他却无可奈何、无能为力、一筹莫展。这种苦衷，谁能理解？如此结局，为之奈何！

“福建事变”发生后不久，报纸传言“林森决于四中全会中辞职”，孙科也声称“国府主席决定改选”。这是林森自己

林森出席国民党四届六中全会时与蒋介石等留影

感到回天无力而要辞职，还是舆论认为没有完成“疏通闽局”的使命而要他下台？或者是两者兼而有之？查无下文。况且，在林森出任国民政府主席前夕出台的“政治改革方案”规定“国府主席任期两年”，但也可以“连选连任”。林森已连任过一次了，照理也该卸任了。而他本来就是淡泊明志、乐得清闲的人，又处在那样左右为难的处境中，提出辞职也是顺理成章的事。可是，结果他不但继续连任，而且一直到终身，逝世于国家元首任上。看来，当时中国政局还需要他这

國民政府任官狀

蔣中正任為特級

上將此狀

國民政府主席 林森

中華民國 月 一 日

甲字第壹號

林森签发的任官状

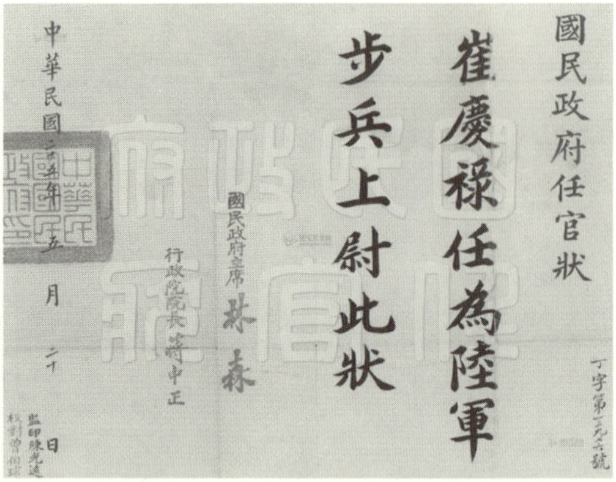
國民政府任官狀
崔慶祿任為陸軍步兵上尉此狀
國民政府主席 林森
行政院院長 蔣中正
中華民國二十五年五月二十日

林森签发的任官状

样年高德劭、不恋权位的人充当元首。

“福建事变”后，蒋介石更集中精力动用百万兵力进行对红军的第五次“围剿”。红军被迫进行二万五千里长征，历经千辛万苦，于1935年10月至次年10月先后到达陕北。而蒋介石命令张学良的东北军和杨虎城的西北军加紧对红军的“围剿”。

当蒋介石忙于打内战时，日本却向我华北步步紧逼。从1935年6月察哈尔省代主席秦德纯奉命与日本关东军特务机关长土肥原贤二谈判后签订了《秦土协定》，规定：取消察省内国民党党部；二十九军从察东撤退；察省主席宋哲元撤职等等。7月，何应钦全部承诺日本华北驻屯军司令官梅津美治郎提出的条件，实际上达成《何梅协定》：取消河北省和平津两市的国民党党部；撤退在河北省的东北军、中央军和宪兵三团；撤换河北省主席和平津两市市长；取缔一切排日抗日团体和活动等。于是，中国在冀察两省主权大部分丧失，华北门户大开。

在严重的民族危机面前，12月9日，北平的爱国学生数千人举行抗日救国示威游行，提出“停止内战，一致对外”“打倒日本帝国主义”“反对华北自治”的口号。随后，爱国学生组成南下扩大宣传团，宣传抗日救国的主张，推动了全国抗日民主运动新高潮的到来。

中国共产党于1935年8月1日发表《为抗日救国告全体同胞

书》，呼吁停止内战、抗日救国；1936年5月5日，红军又发布《停战协议和一致抗日通电》，公开放弃了反蒋的口号，重点开展了对东北军和西北军的停战议和、共同抗日的工作。

12月4日，蒋介石亲赴西安，逼迫张学良、杨虎城"围剿"红军，否则分别调防福建、安徽。张、杨多次向蒋介石诤谏，劝说蒋以民族大义为重，放弃内战"剿共"政策，都被蒋介石顽固拒绝。

于是，12月12日，震惊中外的西安事变爆发了。

南京政府内部众口谴责张、杨，武力讨伐与和平解决出现对立。戴季陶、何应钦等人坚决主张武力讨伐，轰炸西安。宋美龄、宋子文、孔祥熙等人为稳定蒋介石在南京政府的地位，极力要求设法营救，和平解决事变；林森与冯玉祥也明确主张和平解决，反对内战扩大。12月13日午后，在中央党部召开国民党中央常务委员会和中央政治会议的联席会议上，林森在谈到对西安张学良、杨虎城要不要出兵讨伐时，极力表示"讨伐令不可下"。

在南京机场，蒋介石向林森鞠躬致谢

12月23日，林森在第30次中央常会（临时会）及第31次中央政治会议上，被推为代理中央政治委员会主席。

正因为林森在西安事变和平解决中发挥了不可忽略的作用，以至于蒋介石12月26日回到南京时，一下飞机就忍着腰痛向前来迎接的林森鞠躬致谢。这对蒋介石来说，是极其罕见的行为。林森逝世后，国民党中央发表的《林主席事略》中提到：西安事变时，“人心惶骇，当此时会，主席在中央执行委员会及中央政治会议开会时，主持大计，指挥若定，委员长得安然脱险”。这个评价并不是没有事实根据的。

西安事变成为时局转变的枢纽，十年内战局面基本结束，为推动第二次国共合作、团结抗日创造了有利条件。

坚定抗战立场，坚信抗战必胜

1937年7月7日，日本悍然发动了卢沟桥事变。中国守军第二十九军吉星文团奋起抵抗，揭开了全民族抗战的序幕。

抗日战争中，林森更是以坚定的立场、必胜的信念、镇定的态度投入到英勇卓绝的全民族抗战之中。

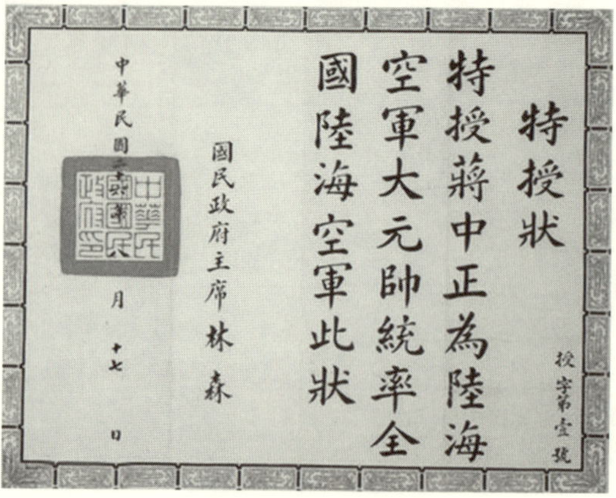
授字第壹號
特授狀
特授蔣中正為陸海空軍大元帥統率全國陸海空軍此狀
國民政府主席 林森
中華民國 月 十七 日

林森签发的特授状

特别值得一提的是：林森坚定地支持全面抗战和持久战的主张。

8月16日，林森在国民政府纪念周演讲时就以《保卫国土是全国军民应尽的天职》为题，号召全国国民“奋斗到底，以达到我们最低限度生存的目的”。

10月10日，林森在国庆纪念报告中提醒国人要认识到：“我们这次抗战，关系整个国家、整个民族生死存亡；我们抗战胜利，中华民族从此就有复兴之望；否则，我们国家的前途便不堪设想！”并强调：“全面抗战，不仅是全国各地的军队同时抗战，并且要全国各地的各界人士，同时都参加抗战的工作……举国上下，无论老少男女，每个人都尽一分的责任，都做一份工作，这才符合全面抗战的真义。”并坚定表示：“我们相信，抗战的最后胜利一定属于我们。”

林森手书“抗战必胜”条幅以激励国人

林森在1938年和1939年元旦讲话中，不仅从军事上，还从政治、经济、道义、国土资源、国际力量的支持等方面对中日双方的国力进行比较分析，指出日本只能得逞于一时，最终必然失败；中国在军事上虽然一时失利，但只要坚持长期抗战，最后必将取得胜利。

此后，林森在一系列讲话中还再三强调：坚持长期抗战、持久战争、全面抗战。

卢沟桥事变后不到5个月，日本侵略军占领了上海等地，威胁南京。

11月16日晚，国防最高会议决议中央政府迁往重庆。林森按照迁都部署，率领国民政府文官处、参军处等机关人员，清点好印信旗幡等重要文件器物，于17日凌晨启程。临行前他向蒋介石等人告别时说："我可能不能再回南京了！你们一定抗战到底，取得最后胜利！"然后毅然登上"永绥号"兵舰，西上入蜀。这是林森任国民政府主席以来的第二次迁都，与第一次北迁洛阳相比，更令人心情沉重，大有慷慨悲壮之叹、义无反顾之感！

20日，林森途径武汉，公开发布《国民政府移驻重庆宣言》，慷慨激昂、情真意切地表达了国民政府坚韧不拔的意志、抗战到底的决心和抗战必胜的信念。

11月26日下午，林森一行到达重庆。据载："元首乘轮溯江西上……主席舟行10日，曾无一次笑容。"林森一行到达重庆码头时，"各界代表、军队、学生军、童子军等列队欢迎者万余人。军乐声中，林主席着青色斗篷，持黄色手杖，徐步登岸，态度极为严肃，默然无语，忧国之情溢于眉宇，频频以右手举至胸前答礼……观者无不肃然"。隆重至极的欢迎场面则充满了悲壮气氛。河山破碎，民生多艰，作为国民政府主席的林森怎能不忧心如焚？

弘扬中华民族正气，坚持团结抗战

针对日本咄咄逼人的进攻，林森连续发表多次演讲，揭露日本侵华政策的险恶居心，阐述抗日救国的重大意义，分析"国以民为本"的深刻涵义，弘扬中华民族的浩然正气，表达坚持独立自主、依靠人民抗战到底、抗战必胜的坚定信念。

1938年2月22日，林森又以《中华民族的正气》为题，发表广播演讲，强调在国难严重的时候，必须竭力来提倡并发扬光大我们中华民族的正气，并且"每一个人要以身作则，要身体力行，以为子弟的表率，以为后世的模范，我们要把这个'中华民族的正气’永远的保留在地球之上，做光彩的轴心，做人类的生命的源泉”。

当时，日军相继占领北平、天津、上海、南京等大城市，侵略气焰十分嚣张。国内党内对抗战前途悲观失望的情绪在蔓延，周佛海等人在汪精卫纵容下组成所谓“低调俱乐部”，主张和平救国，实则准备卖国投降当汉奸。林森疾呼弘扬中华民族正气，无疑是对当时抗日军民士气的鼓舞，不啻是对那些“廉耻道丧、人格扫地”的准汉奸走狗的严重警告！

林森抵达重庆不久，北平、南京相继成立了伪政权，分别是1937年12月14日以王克敏为头目的北京傀儡政权“中华民国临时政府”，1938年3月28日梁鸿志在日本的扶持下于南京成立的所谓“中华民国维新政府”。对此，林森发表严正声明，宣布汉奸伪政权非法，并发布命令通缉汉奸头目。

1938年底，抗日战争进入相持阶段时，身为国民党副总裁的汪精卫竟丧心病狂地叛国投敌当了汉奸。

1939年1月1日，林森在国民党中央会议上坚决开除汪精卫的党籍。9月18日，林森再次强调：“对于汉奸傀儡通敌卖国所煽动的亡国灭种的假和平运动，必须加以严厉的打击和制裁。决不能容许敌伪们曲解总理遗教，散布妥协投降的谬论，来摇惑人心，阻挠抗战。”

1940年3月，汪精卫抛出《和平建国宣言》，表示要和重庆政府共谋和平方案的当天，林森则坚定地指出：“敌人的侵略一天不止，我们的抗战也就一天不止，这当中没有丝毫徘徊余地……我们国家的独立与自由，一天不能获到，我们将要继续奋斗一天……只有抗战到底，才算是总理的信徒。”

29日，汪精卫在南京成立伪政权。在此之前，汪精卫也致电

恳请林森到南京就任所谓的“国民政府主席”，遭到林森的严词拒绝。即便如此，汪精卫还是厚着脸皮就任“代理主席”，表示“虚位以待”林主席。

林森则发表广播讲话《痛斥汪逆伪组织》：“希望全国军队和人民，无论南北东西，都要各尽各的本能，各守各的岗位，齐心协力，团结精神，坚持抗战立场，肃清汉奸。”这对汉奸卖国贼不啻是当头棒喝，也向世人表明了中华民族的浩然正气。

林森虽然恪守“虚位元首”的定位，不负责具体政务，但他十分重视“融洽民情，鼓舞士气”的工作，在精神方面不遗余力地为抗战建国大业鼓与呼。

为弘扬孙中山革命精神，高举孙中山旗帜以凝聚人心、坚持抗战，1939年11月，林森领衔与石瑛、张知本等12人提议尊称孙中山为“中华民国国父”，获得批准，国民政府于1940年4月1日明令公布遵行。

抗日战争爆发后，国共两党与全国各界人士参加的国民参政会成立。林森对于国民参政会这一国共合作的产物十分重视。他或亲自到会，或发电报，或宣读书面训词，发表了大量团结抗战、共同对敌的言论。特别是1941年1月“皖南事变”爆发后，国共合作濒临破裂的严重关头，林森于3月1日第二届国民参政会第一次会议上，发表了有利于团结全国力量、共同对敌的训词，重申以民族大局为重，坚持团结御侮

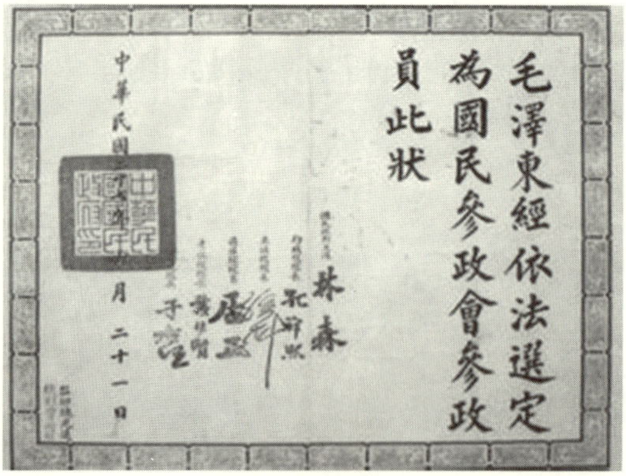
毛澤東經依法選定為國民參政會參政員此狀
林森
中華民國……月二十一日

林森签发的委任状

的方针，为坚持团结抗战、维护抗日民族统一战线做出了贡献。

自1939年1月10日起，侵华日军经常用轰炸重庆等地的方法以迫使国民政府投降。1941年8月底，国民政府大礼堂被日军飞机炸毁。林森于9月1日照常在原址举行纪念周活动，并勉励同仁说：“敌机虽能毁吾物质，不能毁吾精神。”这句落地有声的铮铮誓言，极大地鼓舞了国人的抗战斗志。据当时国民政府工作人员齐宪为记载：“国府连遭轰炸，弹痕累累，笔者曾约略计算，直到抗战胜利为止，在这小小范围之内，落弹不下百枚。那时随炸随修，习以为常，毫不恐惧……这种情景，足以说明抗战期间一般的坚强意志，也正如林公所示‘敌机虽能毁吾物质，不能毁吾精神！’就用这种精神，赢得了抗战的全面胜利。”

林森不仅再三疾呼“振起人心”“唤起人心”，而且还身体力行“争取民心”“鼓舞人心”的工作。刘子如是重庆著名企业家、慈善家、爱国人士，抗战爆发后即投身抗日。1937年在重庆组织了“中华民族抗日军四川重庆后援会”，向全社会发出救国宣言，并亲自组织募捐，发表演讲，召开誓师大会，掀起了爱国热潮。他不顾自己67岁高龄，自筹资金，率领130多名爱国青年，组成“重庆市抗敌后援会战地服务团”，带着募集到的40余万件慰问品奔赴抗战第一线，在前线为战士、伤员做了大量工作，历时3年。在这过程中，他曾因抢运伤员被敌人炮弹炸伤，但仍坚持战斗在前线，深得大家的尊敬。1942年11月刘子如72岁生日时，林森题诗：

西风吹送一帆斜，树梢危蹲几个鸦。

两岸沙滩明如画，又添霜叶与芦花。

当时林森专程派人将题诗从重庆送到刘子如万盛金桥老家，醒目地挂在寿堂上，轰动一时。其中真情，感人至深；诗中寓意，耐人寻味。细查有关史料，尚未发现林森与刘子如曾有过交往的记载，但林森却以国家元首之尊为一位平民老者的寿辰题诗赠中堂，正是对刘子如仗义疏财、以近古稀之年亲上抗日前线的爱国壮举的隆重表彰！同时以写景状物诗歌，描绘了一幅抗战的光明前景，传递了抗战必胜的坚定信念。

致力民族团结与复兴

林森经常提及民族复兴的话题，呼吁要学习孙中山先生“以复兴中国为己任”。在面临日本侵略的民族危亡时刻强调指出：“我希望全国上下都要一致自信，我们的民族定能自强复兴，不要自馁。”

诚然，复兴民族，首先要打败日本侵略者，使人民不再受帝国主义侵略、奴役；更要建设一个富强的新国家，使中华民族自立于世界民族之林。林森多次在元旦讲话、国民参政会致辞中系统阐述了“抗战建国”思想，表达“抗战必胜、建国必成”的坚定信念。

国家的统一与民族的团结显然是民族复兴的重要前提，身为元首的林森对此非常关注。

林森与九世班禅额尔德尼·曲吉尼玛的交情堪称中央政府与西藏关系的佳话。

身为西藏著名的宗教领袖之一，九世班禅与中央政府保持着良好的关系。1931年5月，班禅在国民会议上发表“西藏是中国的领土”的重要讲话。7月1日，国民政府封班禅为“护国宣化广慧大师”，并赠玉册玉印。九一八事变爆发，班禅通电全国，声讨日本的侵华罪行。1932年11月，班禅赴南京，12月，南京国民政府委班禅任西陲宣化使。24日，班禅在南京国民政府礼堂宣誓就职，国民政府主席林森亲自为之授印并训词勉励：“班禅宣化使能以中央意旨极力倡导西陲同胞，使共同努力，置国家于磐石之安。宣化使启节西行时，更希望沿途以宗教的力量阐扬总理的三民主义，推行遗教，俾中央与边区团结益加巩固，共同扶助政治的发展。”班禅备受感动，当即表示要“竭尽忠诚，宣扬德意，尽以宗教之力，效命中枢，振导人心，挽回末劫，边陲安康，僧俗咸欢”。1934年1月31日，班禅再次拜见林森主席，并敬献了哈达和长寿佛。班禅为表达对国家元首的诚挚敬意，特地从青藏高原万里迢迢地送来汉白玉佛像献给林森。1935年，林森托人将这尊九世班禅敬献的汉白玉佛像运回福州，安放在连江青芝山东觉岩下，供游人观赏。从此，青芝山又添一个独特的镇山之宝。

林森为代表的国民政府非常尊重西藏宗教领袖，并妥善处理当时班禅、达赖相继圆寂后的事务，从而维系了西藏与中央政府较为融洽的关系，有利于民族团结和西陲安宁。

林森认为“发展经济始可复兴”。他在《国民经济建设》《发展交通为建设现代国家的要件》《实业计划与国防建设》《民生主义与提倡国货》《民生意义的阐释》《节约救国的重要》《所得税是现代国家最合理的税制》等演讲中有较为详细的论述，尤其是他提出“造产”与“节约”并重、“节约救国”的思想，很有见地：一方面，“我们要救贫，使人民的生活安定，国家能够富足起来，根本的方法当然只有从开发实业着手”。另一方面，要厉行节约，“节约是再生产的基础，是救国救贫的重要途径”。

林森对植树造林、美化环境情有独钟。对滥伐森林、破坏环

境现象极为惋惜，“说来实在是我们感到惭愧的一件事”。他自己更是率先垂范，致力于植树造林。他在主持中山陵建设时，就把整个紫金山划为陵园林区，广植树木，为后人留下郁郁葱葱的林海。在连江青芝山、江西庐山、重庆歌乐山都留下他身体力行植树造林的成果。

林森特别重视科教兴邦工作，认为“科研为建国始基，育才为救国之本”。欲使中华民族生机勃勃，发扬过去数千年之伟大文明，必须从教育入手。

对开展国民体育活动，林森则从“充实民族力量”的高度予以关注，认为“体育的目的，不单止锻炼体魄，并且要注意到品性的陶冶，和人格的培养……人民身体强健，就是民族复兴的基础”。

林森特别重视农村基础教育，多次为家乡闽侯县尚干、禄家、凤港捐资兴学。1931年10月，在尚干祠堂乡亲们接风洗尘宴上，林森讲道：“今天承父老兄弟盛意，大家聚会，非常快乐。唯在此国难时期，我们应该卧薪尝胆，把一些靡费用于教育上最好。……地大不足为宝，人众不足为恃，唯道德与学问，为立身立国之根本。”当场林森倡议并带头捐资，创办一所乡村师范学校。

1939年林森预立的遗嘱，将几十年积蓄的50万元（按当时重庆货币比价折合黄金4243两）捐作奖学基金；并亲订《考取留学欧美研习自然科学学生资助经费办法》24条，“嘱由能表同情于斯举者，恪守此方针而办理之。百年树人，是实始基，尚其共循此旨，矢守弗渝，用垂久远，而利国家，有厚望焉”。以个人名义设立奖学金的事例并不罕见，用国家元首的个人积蓄设立的奖学金，则不多见。由年迈的元首亲自手订如此详细奖学条例可谓举世罕见，实属难能可贵。

林森设这个奖学金的目的十分清楚，就是痛感于我国科技落后，自然科学人才极其缺乏，以至贫穷衰弱，我们的民族为此而付出了惨重的代价。1942年，林森在与当时四川大学校长黄季陆谈话中指出：“发展科学，弘扬学术，不此之图，我们不能拯救我们的国家，拯救我们的子孙免于像今日这样的惨烈的牺牲！”他又说：“把这一次的国难渡过之后，如果还有同样的战争，我们仍然以血肉和进步的科学武器相抵抗，我们就对不起我们的子孙同国家，这是我们大家的责任！”因此，林森明确要求：“四川大学建设的目标，应当着重在科学的研究与科学人才的培养上，为国家奠立一点根基，无论是现在和将来都是极为重要的。”这份珍贵文献充分体现了林森在培养人才方面的远见卓识，也进一步说明了他设立自然科学奖学金的缘由。

他在临终前又留下遗嘱：“余身后，将手置庐山、北平、南温泉及南京房屋暨存款、衣服、字画、古玩变价，作为创办尚干职业学校基金。”

努力提高中国的国际地位

对于外交方针，林森也有精辟见解。他强调：“不论国际形势如何演变，而吾国外交始终独立自主。”“无论当前的环境怎样困难，国际的局势怎样变化，认定我们复兴大业必须依靠自己，不能仰仗外力。”在艰苦卓绝的反法西斯抗战中，中国当然希望能够得到国际援助，但更要认识到“我们对日抗战，要自己争气，自己有办法，自然会得到多助”。

诚然，1942年中国抗日战场出现走向胜利的转折性变化是与世界反法西斯联盟的形成息息相关的。

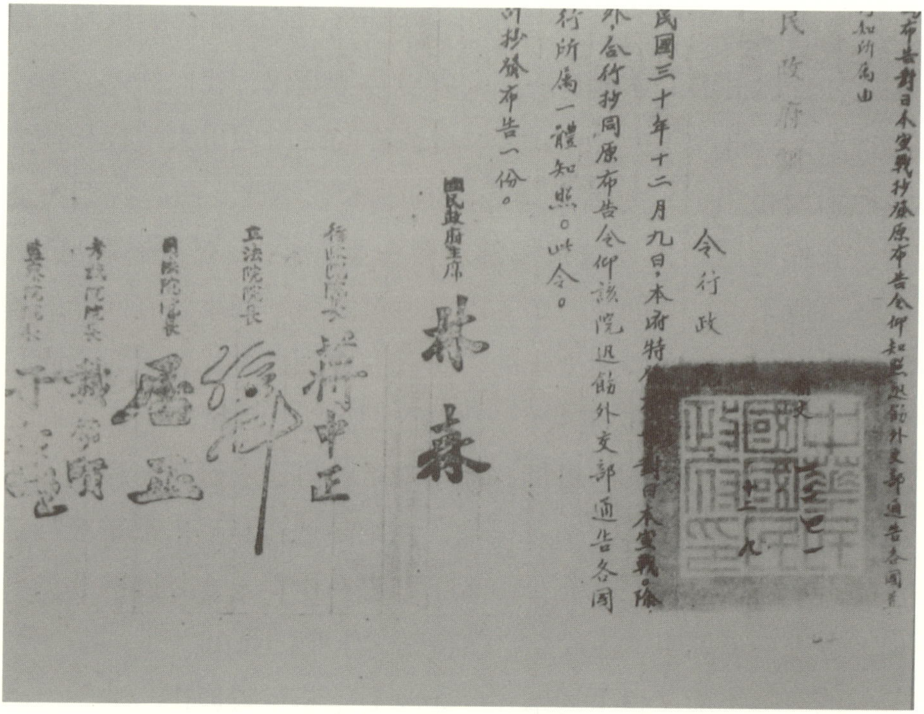
民國三十年十二月九日·本府特……對日本宣戰。除
外，合行抄同原布告令仰該院迅飭外交部通告各國
行所屬一體知照。此令。
附抄發布告一份。
令行政
國民政府主席 林森
行政院院長 蔣中正
立法院院長 孫科
司法院院長 居正
考試院院長 戴傳賢
監察院院長 于右任

对日本宣战令

1941年6月22日，德国偷袭苏联，苏德战争爆发。12月7日，日本偷袭珍珠港；次日，美英对日宣战，太平洋战争爆发；12月9日，中国国民政府发表由林森主席领衔签署的文告，正式对日宣战，并同时宣告对德、意处于战争状态，世界反法西斯战争的形势发生了重大变化。

1942年元旦，苏美英中等26国代表在华盛顿签署《联合国家共同宣言》。由此，中国跻身于世界“四强”之列。1月2日，盟军中国战区中国最高统帅部成立，统一指挥中国战区（包括中国、越南、泰国、缅甸）内对日作战的盟国部队，蒋介石出任中国战区最高统帅。

1942年10月3日，林森会见并宴请来华的美国总统特使威尔

蒋介石对林森执礼甚恭

基，就美国放弃在华治外法权等特权、中美重新订立新约等问题表达了中国政府的立场。

1942年10月，英美表示放弃在华特权，废除与清政府签订的不平等条约，准备重订新约。

1943年1月，中美、中英新约分别缔成。中美新约规定：“自本约生效之日起，美国放弃其治外法权与1901年《北京议定书》所赋之特权（包括在中国驻兵之权），以及通商口岸制度。北平使馆界、上海、厦门公共租界（包括上海特别区法院）等一切特权。”中国人民为此而欢欣鼓舞。

林森在1943年元旦广播讲话中强调：“治外法权的废弃，

林森会见美国总统特使威尔基时在国民政府大楼前合影

林森与宋庆龄等合影

这是中国近百年来一桩最重大的事件。因为由于这治外法权的废弃，我们中国人已经脱离了不平等条约的束缚，而取得了完全独立平等的地位。”并提醒同胞，“于欢欣鼓舞之余，不要志得意满，更不要妄自尊大”。在国际反法西斯联盟形成后一年左右的时间，中国跻身世界“四强”之一，并废除了不平等条约，一扫百年耻辱，表明中国国际地位的显著提高。但这不是列强的恩赐，而是中国人民多年英勇卓绝的奋斗，尤其是坚持抗战的结果。

英国放弃在华治外法权后，林森在与当时驻英大使顾维钧的谈话中表达了对香港问题的关注：“英国应该明白，它不能长期占据香港九龙。中国为了维护国家主权，深望收复这些领土。”他还进一步表明：“中国收复这些领土后，会继续把香港作为自由港。”

德裕風高
林洋港 敬題
吏部郎官裔
博愛

第四章

风范长存

林森生性淡薄，经常告诫晚辈："清贫胜于浊富。纵积财与子孙，子孙未必能守，乃至履丰奢暴，反累祖德，是以名为贵，德为本，古人不我欺也。"他十分重视官风建设，提倡官德，要求官员"以身作则，导国人重节义、知廉耻、负责任、守纪律、竭忠尽瘁"。

平民本色，国尔忘家

林森在重庆

一身长袍，鹤发童颜，银须飘垂；一副眼镜，慈眉善目，温文尔雅；一根手杖，风仪端庄，举止稳重，大有站如松坐如钟之感——这是从许多人的回忆及照片中所看到林森的形象。还有一张他的标准像：鹤发、皓眉、银须，天庭饱满，脸色红润，鼻子隆而圆，嘴巴方而正，耳朵垂而顺，眼神安详，一副浅色圆形眼镜——典型的中国忠厚长者形象，标准的传统学者气质；若不是他胸披红绶带，佩一枚青天白日徽章，使人很难想象他就是抗战时期的国家元首。

林森像

林森贵为元首，却坚持平民化的简朴生活。

在衣着方面，他经常身着黑色或蓝色大衣长袍，戴灰绒呢帽或黑色礼帽。一年四季，无论寒暑，都是布衣，只有厚薄之分，没有时常变化。始终保持整洁、朴实、庄重，绝无奢华、艳丽之感。

饮食方面，更为简单。他喜欢清淡素食，几乎烟酒不沾。尤其是在国难时期，更是一切从简。如果买回来的菜较贵，他还会批评采购人员。

住的方面，他也崇尚简约自然，喜欢清静。“其南京城贤街故居，十分狭窄。移驻洛阳期间，居处尤为简陋。迨抵重庆以后，初住李子灞，后住歌乐山林园，均只普通房屋”。

在行的方面，他喜欢轻车简从，“习惯于独来独往，除司机外，平时不喜随身随从”。有一次，林森出席一个重要集会，他的座车路经一个路口，因未悬通行证，前座没有随从，汽车又很老旧，警卫人员就予拦阻，不许前进。这时林公把手杖伸出车外，轻轻向警卫身上一点。警卫这才警觉到车里坐的是谁，立刻敬礼放行。

林森尽量使自己的生活平民化，已属难能可贵。然而，平民的天伦之乐，对林主席却是奢侈。他贵为元首，终身仅有一个妻子，并且结婚仅3天，就离乡别妻到台北工作；3年后妻子病故，当时，他才26岁，随后他终身不再续娶。

林森共有5个兄弟，唯独三弟留有一子林京。按乡间习俗，林京过继给大伯林森。对这唯一的嗣子，林森也同样严格要求，决不溺爱。林京在燕京大学读书时，林森特请时在北京任职的好友魏怀代作监管人。学费零用杂项，均按月限数，分期转交，以防其乱花钱游乐而荒废学业。林京大学毕业后，又去美国哥伦比亚大学深造。在美国，林京少了许多约束。家有妻小的他在国外也耐不住寂寞，与某百货公司女店员来往过密，渐渐沉溺于爱河之中。林森得知此事后，极为气愤，即电令林京回国。林京从美国归来后不久，就上了抗日前线，在傅作义将军手下当秘书。林京曾写一首自励诗送给同在绥远省政府的同仁卢健飞，诗曰：

三月边城仍飞雪，不恋江南好景色。

拼将一生报国恩，愿随将军杀顽敌。

林森与嗣子林京及文官长魏怀

诗中，林京表明要在抗战中立功报国的决心。1937年秋，林京随军参加了忻口战役，在从太原突围南撤途中不幸殉难。于是，林森就在抗日战争中失去了自己唯一的嗣子。因此，林森长期既没有夫妻之欢，也没有儿孙绕膝，其清心寡欲可见一斑。

淡泊明志，俭以养德

林森生性淡泊，喜欢幽静，在福建连江青芝山修筑“啸余庐”与藏骨塔，作为自己退身之所。

在重庆时，因防空需要，在山洞和歌乐山上筑有小巧行馆，建筑劳用和家具设备都由私囊，未动分文公款，并指示“建筑要化整为零，随景而置，不许妨碍农田”。

林森历来素衣淡食，几乎烟酒不沾，过着克勤克俭的生活。

国难当头之际，林森强调：“吾人实应以身作则，从自己做起，力事俭朴。”

1939年夏，林森在峨眉山洪椿坪避暑时，当地僧人谈及林森日常生活：“林主席每餐决不许有剩菜剩饭……卫士和厨师常常遭到训斥。那时洪椿坪附近保甲长和老百姓，也给主席送鸡送鱼的，但主席一定叫卫士用秤称好，照价付钱，不收钱就叫带回去。可笑的是给了钱后，主席又到庙前的小路上拦着那送鸡送鱼的查问：‘卫士给了你多少钱？’如发现卫士贪污，老头子便大发脾气骂道：前方战士在流血呀，你们干的什么勾当?”

曾有人讽刺林森“晚年性吝。已之需要，购回必亲自问价，辄嫌价贵而嘀咕不已”。实际上这正说明了林森自奉俭朴的高风亮节。

林森因脚疾需要浙江天目山特产的草药，托族侄孙林希岳代购，再三关照“如不见告款目，下次则不便代购”，并如数付款。并且还特地交代：“农人此种辛苦收获，宜多与有利，以酬其劳。”有一次，草药寄到时就已发霉，而他竟舍不得丢掉，“晒干去霉，犹能用”。

他在家书中谆谆告诫晚辈：“清贫胜于浊富。纵积财与子孙，子孙未必能守，乃至履丰奢暴，反累祖德，是以名为贵，德为本，古人不我欺也。”

清正廉洁，严以律己

林森十分重视官风建设，提倡官德，要求官员“以身作则，导国人重节义、知廉耻、负责任、守纪律、竭忠尽瘁”，认为“当官乃为人民服务”。

林森认为自己虽然是国家元首，但也是一个公民。对国家政策法令乃至居民的规章制度认真遵守。有一次，林森的居处进行翻修，而工作人员一时疏忽，未及时领取改造房屋建筑执照。南京公务局办事人员也未经查明就照一般通知而寄发，信封上直写“林森收”。国民政府文官处认为这有“大不敬”之嫌，应予纠正。当经决定查询事实经过，并要宋希尚局长亲谒主席致歉。宋局长以自己是主管，有此疏忽，理应亲往道歉。想不到当他诚惶诚恐前往官邸时，林主席亲自接见，延座命茶之后，没等宋开口，他先把改造房屋建筑的情形，简要说明，并说：“事前以为小小工程，不知道也要领建筑执照，致有违背规章，自当即日补办手续。”对于信封上直书姓名一事，林森莞尔道：“此小事也，余本为南京市民之一，应与一般市民受同等看待。”接着，他又顺口说：“今后如为顾虑到‘主席身份起见’，遇到类似的事情，在通知上，不妨改写‘子超’而不直书‘林森’亦可。”同时，他建议：“工务局公务太忙，为避免疏忽起见，似可在一般性通知信封上，预先印好‘先生’或‘女士’或‘君’字样，这样不但可对受件人的尊敬，也省却书写人的时间与精力。”说话时语气和蔼婉转，态度慈祥亲切，好像和家人闲谈一样，使宋大为感动。如此以身作则、平易近人，怎不令人感动？

林森从来不搞结党营私、以权谋私之事。对亲友人事、政事方面的请托，他一律拒绝。遇有同乡来求职，宁可自掏腰包予以资助，也不为之介绍工作。

他有一位名叫林其珪的侄孙，在军工部门任工程技术员，几次写信给他请求为之保荐。林森则在回信中以“兵工署主管人陈竹梅及署长俞大维，均未相识”而婉拒之。还告诫说：“凡勤慎工作者，无论上峰何人，必能器使也”；“幸以公务为重，毋以私谊相累”。后来林其珪被调到条件艰苦的西北去工作，林森则予以热情鼓励：“此后开展前途，大有希望。……若不趁此年力富强前进，苦守一隅，不足有为。因学基不深，虽有心提拔，亦难超格。唯乘此良机勇往，无论名义如何，当以事业为远大目的。壮哉荣行，为国服劳，应不稍却，方是吾族青年良范也。”

林森的另一个侄孙林希岳也想沾这个国家主席叔公的光，要到中央机关工作时，林森则回信明确告知：“中央决裁四分之一人员，在地方无论有功如何，中央无法安置新进，千万不可前来，来亦空劳往返。倘不信忠告，只有自误，悔亦无及矣。”一个半月后，林森又再次致函林希岳：“久官是土，能爱民勤政，令人钦戴尤深。即调迁或告老时，受去思攀辕之荣，更胜于加冠晋爵百倍也。凡见异思迁，乃无恒心者，故生烦闷耳。”并再三叮嘱：“国难严重，更宜努力服务，勤忙乃磨练精力之良机也。”“惟勤慎自励，由难渐进，必成效果，廉能秉公，民信必立，立则多助，成功可期也。”

在旧官场，“一人得道，鸡犬升天”的现象不胜枚举，而像林森这样不为自己亲族谋私利并严格要求他们要勤政爱民的事例，确实难能可贵。

林森在70寿辰临近之时，特地致电家乡父老，“绝对均不受贺，不受礼物，不接见戚友……万勿举行”祝寿之事。即使如此，林森70寿辰那天，恰逢春节，前往国民政府及主席私邸祝寿的政要还有不少人。林森“原拟离京避寿，嗣以觉有不便，乃决在邸休养一日。前往私邸祝寿之各要人，均经主席派员婉谢，仅留一名刺而去，赴国府祝寿者，则由参军长吕超接待签名后，旋亦辞去。国府文官、参军、主计之长，均尊主席之意，未赴邸

祝寿”。直到他临终时在家事遗嘱中还交代“丧事应从简，不设灵，不发讣。将余尸洗净，裹以白布，举行火化”。生前自奉简约，死后也不给人添麻烦，这种精神境界足以令人高山仰止。

生活情趣：园林建筑，书画古玩

林森还有一种对山水园林的嗜好。喜欢游览祖国的名山大川、名胜古迹，在连江青芝山建筑了浑然天成、乡野气息极浓的啸余庐。他还主持修建了黄花岗烈士墓、中山陵等纪念圣地。如今这些地方也都成为旅游胜地。

在公务之暇，林森还喜欢书画创作欣赏与植树养花种菜，既锻炼了身体、陶冶了情操，又美化了环境。他在庐山避暑期间，

林森在南京植树

也发动属下开展植树活动。一位前来拜访的客人留下一段如诗如画般的描写：一路走去，花香鸟语，峰峦如画，到了门前，寂静无声，登堂探望，也阒无一人。只得小坐候驾，奈闲云野鹤，不知飞向何处。正有“只在此山中，云深不知处”之感。枯坐无聊，乃信步园庭，看看山景，遥见花木丛中，老人挥着鹅毛扇，白髯飘飘，正指挥园丁沿途修剪树枝。安步拾级，由远而近。这幅图画，恍似仙境，不觉神往久久。既没有森严的警卫，更没有成群的奴仆杂役，空空的官邸，静静的山间，置身于花草树丛之中，漫步于山间小路之上，这就是林森！一个平民元首。他的官邸之隙地，悉辟为农艺生产之用，决不任其旷废。主席大驾虽崩，而官邸中手种苞谷，正复结实累累。

林森很喜欢字画古瓷之类的传统艺术品。但他只是抱着欣赏与研究的态度去搜寻、购买，而不是想当文物收藏家、鉴赏专家，更不想去巧取豪夺，窃为己有。他喜欢古玩字画，凡有书画展览，一定前往参观，只要是喜欢的、价格不高的，他便买下来。有一回美展，同时展出名家和艺专学生的作品，标价悬殊，他仔细欣赏后，选购数十幅，都是艺专学生的作品。人家以为他只挑便宜的买，未免不够气派，没想到他说：“学生所作，经我选购，必定兴奋，这是鼓励有为青年的最好办法。名画家已成了名，就毋须我再来鼓励了。”至于古玩，林森自谦不是鉴赏专家，购买时亦不很讲究真伪，他表示：“赝品价廉，是我的能力所及，人家仿造，可也是费了相当心血，不是全无可取之处，平时点缀厅堂，不也是赏心乐事？”曾有朋友打趣地说：“您买的这些古玩恐怕有不少是假的吧？”林森则满不在乎地说：“再过几百年，不就都成真的了吗？”似乎，以国家元首之尊，要便宜货，买那些赝品，有失身份；购那些学生的习作，不够气派。实际上，这不仅是由于名人珍品价高，林森自以为能力所不及而买不起，而且还包含着他充分尊重别人的劳动，特别是学生的习作成果，以及提携新人之苦心。在那艰苦的抗战岁月，林主席为提倡节约献金，特将历年珍藏心爱之物捐献出来，“计有名家书画、立轴108件，中堂70件，屏条41件，计219件；又有白狐皮褂1件，康熙蓝瓷缸1只，70寿辰各方赠送大小银盾3座”。

他不但喜欢欣赏字画，自己也时常写字作画，并作为礼物赠送给别人。他的画有：山水、云山、竹石、雨景、雪景、残荷、听泉、写墨龙江小幅、明月松间照等。书写的字幅有：“抗战必胜”“建国必成”“随时静录古今事，尽日放怀天地间”“爱竹不除当前笋，惜花犹护当头枝”“世路而今已惯，此心到处悠然”等等。从中我们不难看到他的精神境界和性情爱好。

游黄山留影

即便年逾古稀，林森仍对生活富有热爱和情趣。7月13日的《峨山日记》记载了他的一个生活片断：

> 初拟在九老洞喂猴，据僧云：昨猴到过。嗣至遇仙寺，闻僧鼓掌吹唇引猴，无何，猴结队而来，大小约30余，众投以田豆争来接食，一奇观也。

一番童真、一点情趣、一份爱心跃然纸上。

他风趣幽默的另一面更值得品味：林森与张继甚为友好。有一天，他去上海拜访张继，很不巧，张外出，老人只好留了名片后离去。张继回家后，看到了名片，立即遣人送了一封短信给林森。信上说：

公临我不获，怅甚怅甚；
返寓见留言，喜极喜极；
覆草请速来，勿却勿却；
入夜买一醉，乐乎乐乎？

林森接了此信，立即回复：

来沪先造府，唐突唐突；
坐了冷板凳，不快不快；
既约我小饮，算数算数；
勿再作亡羊，至祷至祷！

对句工整、诙谐幽默，令人忍俊不禁。

平民元首，亲民爱民

在重庆期间，国府依山而筑，“山上种有菜蔬杂粮等物，仍准农人出入府禁，按时耕作，所以与民无争”。

他还时常在公务闲暇之时，轻车简从，探求民隐，路上遇见

林森与少年儿童

农夫乡民，经常下车，和他们闲话桑麻；有时独自漫步街头商店，与市民聊天。林森时常到他官邸不远处修鞋摊修鞋，每次都会客气地对修鞋者说：“又辛苦您了，过一会儿来取。”后来这位鞋匠方知，他的这位老顾客，竟然是国民政府主席！一个国家元首独自上街去补鞋，并每次都向修鞋匠客气道谢，其亲民之言行、简朴之风范和尊重下层劳动人民之情怀委实令人惊叹与钦佩！

在抗战后方重庆，林森也依然保持平民元首的本色。1938年5月1日，他再次微服游北碚，刚走进一家百货商店，就被一群青年学生发觉：“林主席，是林主席！”说着便向林主席围了过来，把店堂挤得满满的。一个学生摸出本子求林主席题字，林森刚题好，第二个又接踵而来，门外的人群还如潮水般地向店内涌。不一会儿，林森已题写了二三十个，疲惫异常。随行人员出面解围说：“改天来，改天来。”林主席方得以脱身。

中国妇女慰劳自卫抗战将士总会、战时儿童保育会理事会，自成立以来深蒙林主席指导帮助，特于儿童节时派几位保育院的儿童代表，由保育院院长带领到林森处致敬申谢，也受到了热情的款待。林森用柑橘、糖果、茶点招待他们，并在家里观看了小朋友表演的唱歌游戏。这些五六岁的小朋友在国家主席家玩了两个多小时，才带着元首赠送的毛巾、袜子等礼物高高兴兴地离开。

盖棺论定，死备哀荣

1943年5月10日，林森在处理好公务回官邸的途中，因汽车驾驶失误，斜撞电线杆，他滑落踏板，身体受震，而肌肤无伤。当时他从容下车，毫无愠色，但也埋下中风的祸根。12日清晨，他要会见挪威公使，必须到府。尽管他也感到身体不舒服，为了

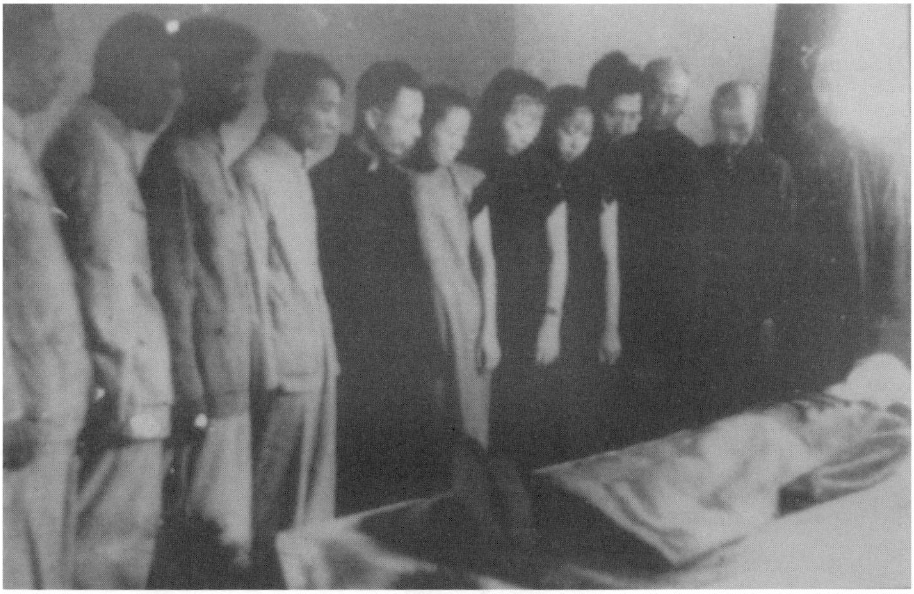

在渝林森宗亲守灵

不耽误国事，仍然坚持上车。可是，一到目的地，就已不能行动，只好用藤椅抬入休息室，进行医治，测得血压为198，已呈半身不遂现象。几天后，病情恶化，到了8月1日，已回天无力；下午7时4分，林森告别人世，享年75岁。

国民党中央和国民政府为林森举行了隆重的国葬。

国民政府参军处还致函向党部等机关借调林大沾、林启正、林修嶙、林成根、林成本、林振声、林其华、林秉珠、林朝绥、林元坤、林迈陶等林森家乡族人，守护灵堂。护灵人员全穿黑袍，林森的侄女林湘，以子代，另披白色头罩。整个灵堂显得庄严肃穆，又具有中国传统特色。

重庆市民于8月2日黎明闻悉林森逝世噩耗，咸深哀悼，机关商店均下半旗志哀，党政军警公教人员佩戴黑纱，全市停止娱乐宴会。各报均以最重要地位报道林森生平事略、病况经过及遗嘱，报边均加深厚黑边，刊印遗像。午后5时整，林森大殓，全市交通暂停，户内市民各就原位肃立默哀3分钟，教堂鸣钟，佛教徒诵经膜拜，肃穆哀悼之忱，笼罩山城。

林森灵堂

林森逝世噩耗电播各方后，全国各机关法团及商店住户均下半旗，深致哀悼；各国驻华使馆也下半旗以表崇敬。

蒋介石率百官致祭，并亲自执绋。

重庆林园内的林森陵墓

各国首脑，尤其是同盟国的领导人纷纷发来唁电或发表讲话，对中国国家元首的逝世表示哀悼。

美国总统罗斯福指出：林森“对于中华民国30年之进步者然，诚有无法估计之贡献”。

美国国务卿赫尔评价林森是“举世尊敬爱戴之领袖”。

海外的舆论对林森的评价也非常高。《泰晤士报》推崇他为“万人尊敬之伟人”，他的“道德观念及大公无私之精神，尤为全世界人士所尊敬”。《纽约时报》也以长篇社论悼念林森的逝世，誉之为“中国圣哲”。

国内的舆论对林森逝世反响极为强烈。当时《中央日报》《大公报》《新蜀报》《益世报》《国民公报》《商务日报》《时事新报》《扫荡报》《新华日报》等报纸均有突出及时报

道，并发表社评，以表达缅怀之意、悼念之情。

林森不仅受到社会的广泛赞誉，而且也得到中国共产党的高度评价。8月4日，毛泽东亲自为中共中央起草致林森治丧机关的唁电："重庆国民政府林主席治丧机关公鉴：国府主席林公领导抗战，功在国家，兹闻溘逝，痛悼同深。谨此致唁。"而在重庆的《新华日报》不但自始至终报道了林森丧事的全过程，而且在8月2日发表《为元首逝世致哀》社论指出："林主席承继国父遗志，毕生尽瘁于中华民族的解放事业"，"林主席的逝世是抗战中全国人民最哀痛的事情，是国父逝世后我国最大的损失。"

为纪念林森，1943年8月20日，邵武籍国民党党员丁超五提出将林森原籍闽侯县改称为"林森县"的建议就已见报。行政院1943年10月21日颁发"仁壹字第24011号训令"，通告全国"将林故主席原籍闽侯县改名林森县"。直到中华人民共和国成立之后，1950年4月林森县才复称闽侯县。

林森生前曾倡议重修福州省城位于屏山之巅的镇海楼。林森去世后，福州乡贤在镇海楼旧址上改建为林森纪念堂。工程于1946年11月开始动工，1948年7月落成，并在林森纪念堂前树立了陈培锟撰写的《林森纪念堂碑》。

后　记

福建，山海相拥，人杰地灵，人文荟萃，英才辈出，产生了许多伟大的思想家、文学家、教育家、科学家和民族英雄、爱国先驱、革命将士、时代楷模。他们的教育成长、道德品行和思想文章，是福建的宝贵精神财富，教育和激励着一代代福建人努力学习、奋勇前行。福建省社会科学界联合会组织编写的“福建历史文化名人丛书”，以福建历史名人为题材，古今结合，意在从高处着眼、从基础着手，普及人文社会科学知识，促进人文道德养成，使社会科学知识走进大众、走进生活、走进现实，让更多的人了解福建历史名人，弘扬优秀传统文化，增强福建文化影响力和感染力，为建设文化强省添砖加瓦。

“福建历史文化名人丛书”（第四辑）所包含的陈元光、林慎思、吴夲、胡安国、李纲、真德秀、黄乃裳、陈季同、萨镇冰、林森10个人物故事，记录了福建文化之于中国历史的影响，同时也以人物史的叙述方式生动地展现出中国人文精神的风骨和传统文化的传承。人物篇以人物生平为线索，在故事中体现传主的学问、事功、道德，凸显他们在中华文明进程中的重要作用，深入挖掘和阐发其内在精神，从而激起读者爱国爱乡的强烈情感，使之成为涵养社会主义核心价值观的重要源泉。

这套丛书以广大群众为读者对象，尤其是各年龄段的学生群体以及受过中等教育的读者，他们对这些历史名人的认知，大

多来源于历史课本、乡土教材、文化景点和博物馆，很难形成具体、深入、系统的认识。丛书深入浅出，雅俗共赏，通过一个个生动精彩的故事带领读者走进福建历史，走入人文社会科学的知识殿堂，融故事性、知识性、趣味性、可读性于一体，对提升大众的阅读水平、普及社会科学知识、提高人文社会科学文化素养和思想道德素质有着积极的作用。

专家刘小新老师对丛书写作大纲和书稿进行了认真审读，并提出了许多很好的意见和建议，在此表示感谢！

若有不足之处，敬请广大读者批评指正。

编委会

2019年8月